Gottes Führung vertrauen –
Energie für den Alltag

Liebe Grüße
von Opa u. Oma Meier

Failing, Karl-Heinz
Gottes Führung vertrauen –
Energie für den Alltag

Copyright by Karl-Heinz Failing,
Christliche Karitative Stiftung, 57610 Altenkirchen
Satz- und Umschlaggestaltung: René Schulte
Fotonachweis: Designpics.com, Karl-Heinz Failing
Druck: Breklumer Druckerei Manfred Siegel KG,
25821 Breklum

Breklumer-Verlag
ISBN 3-7793-1098-8

Alle Bibelzitate:
Hoffnung für alle. Die Bibel im heutigen Deutsch,
Brunnenverlag Basel und Gießen,
© 1996/2002 by International Bible Society

Karl-Heinz Failing

Gottes Führung vertrauen

vertrauen

Energie für den Alltag

Meinen Enkelkindern

Lena und Louisa Dönges
Joshua Failing

Aus dem Inhalt

Vorwort

Gottes Führung vertrauen

„Die auf den Herrn vertrauen, sind wie der Berg Zion, der nicht wankt, sondern ewiglich bleibt" (Psalm 161,1).

„Wir wissen aber, dass denen, die Gott lieben, alle Dinge zum Besten dienen", lesen wir in Römer 8,28. Wenn es uns gut geht, können wir der Aussage dieser Bibelstelle leicht zustimmen. Doch was ist, wenn es uns schlecht geht, wenn unser Leben nicht so verläuft, wie wir es uns vorstellen? Was denken wir, wenn wir in einem seelischen Tief stecken, einen lieben Menschen verlieren oder von einer unheilbaren Krankheit getroffen werden, wenn alles um uns herum hoffnungslos aussieht? Können wir dann immer noch sagen, dass uns alles zum Besten dient? Erfahrungsgemäß werden wir irgendwann im Laufe unseres Lebens mit Schwierigkeiten konfrontiert. Die Frage ist nur, wie wir damit umgehen. Wir haben die Wahl, die Schwierigkeiten mit aller Macht zu bekämpfen, oder Gott zu erlauben, uns die darin verborgenen Möglichkeiten zu zeigen. Sind wir bereit, Gottes Wege zu akzeptieren und seiner Führung zu vertrauen? Gott hat für jeden Menschen einen individuellen Plan. Das wird in der Bibel an vielen Beispielen deutlich.

Ein solcher individueller Plan wird uns mit der Geschichte der Befreiung des Volkes Israel aus der Herrschaft des Pharaos geschildert: *„Nachdem der Pharao die Israeliten hatte ziehen lassen, führte Gott sie nicht auf der Straße in Richtung des Philisterlandes, obwohl das der kürzeste Weg gewesen wäre."*

Gott dachte:

> *„Das Volk könnte seinen Sinn ändern und nach Ägypten zurückkehren, wenn es merkt, dass ihm Kämpfe bevorstehen!" Darum ließ Gott sie einen Umweg machen, auf der Wüstenstraße, die zum Schilfmeer führt. So zogen die Israeliten zum Kampf gerüstet aus Ägypten fort"* (2. Mose 13, 17–18).

> *„Tagsüber zog der Herr in einer Wolkensäule vor ihnen her, um ihnen den Weg zu zeigen, und nachts war er in einer Feuersäule bei ihnen, die ihren Weg erhellte. So konnten sie bei Tag und Nacht wandern. Tagsüber sahen sie die Wolkensäule vor sich und nachts die Feuersäule"* (2. Mose 13,21–22).

Auf dem Weg nach Kanaan führte Gott das Volk Israel also einen Umweg. Einen Umweg durch die Wüste. Aber wenn Gott damals das Volk Israel und auch uns heute Umwege gehen lässt, dann gibt es dafür wichtige Gründe – auch wenn wir diese Gründe nicht sofort erkennen können. Oft sind es gerade die „Wüstenerfahrungen", die zu unserem Besten dienen. Gott hat mich gelehrt, ihm zu vertrauen. Manchmal schien es mir, als würde Gott sagen: „Vertraue mir. Der kürzeste oder bequemste Weg ist nicht immer der Beste. Ich kenne deinen Weg – vertraue mir." Gott hat Gutes im Sinn. Das hat er uns in der Bibel versprochen:

> *„Der Herr ist gut zu dem, der ihm vertraut und ihn von ganzem Herzen sucht"* (Klagelieder 3,25).

Er möchte, dass wir im Glauben wachsen, dass wir ihm bedingungslos vertrauen. Gottes Zeitplan geht nicht unbedingt immer mit unseren Vorstellungen konform. Er kennt aber unsere Schwächen, unsere Neigungen und unseren Kleinglauben. Gott ist souverän: Er weiß um die Vergangenheit, die Gegenwart und die Zukunft.

Das Volk Israel zog lange Zeit durch die Wüste. In dieser Zeit lernten die Israeliten nicht nur Geduld, sondern auch Gott anzubeten. In 2. Mose 3,12 sagt Gott zu Mose:

„Ich werde dir beistehen. Und das ist das Zeichen, an dem du erkennst, dass ich dich beauftragt habe: Wenn du das Volk aus Ägypten herausgeführt hast, werdet ihr mir an diesem Berg Opfer darbringen und mich anbeten."

Mose hatte also am Berg Sinai eine Verabredung mit Gott. Deshalb konnte das Volk auch nicht auf direktem Weg nach Kanaan gehen, denn Gott wollte, dass sie als ein Volk zurückkehrten, dass ihn anbetete, ehe es in das Land seiner Verheißung kam.

Auch wir brauchen enge Gemeinschaft mit Gott: Ohne Anbetungszeit können wir kaum im Glauben wachsen. Nehmen wir uns in unserem Alltag bewusst Zeit für Gott? Wenn wir nicht beten, erfahren wir auch nicht, was Gott von uns möchte.
Gott möchte nicht nur, dass wir ihn vertrauensvoll anbeten, sondern auch, dass wir lernen ihm nachzufolgen. In 5. Mose 1, 29–33 spricht Mose zum Volk Israel:

„Lasst euch doch keine Angst einjagen! Fürchtet euch nicht vor ihnen! Der Herr, euer Gott, geht vor euch her! Er selbst kämpft für euch, genau wie er es in Ägypten getan hat. Ihr habt es doch mit eigenen Augen gesehen! Und ihr habt auch erlebt, wie der Herr, euer Gott, euch auf dem Weg durch die Wüste geholfen hat. Bis hierher hat er euch getragen wie ein Vater sein Kind. Trotzdem haben eure Eltern dem Herrn, ihrem Gott, nicht vertraut. Dabei ist er doch sichtbar vor unserem Volk hergegangen und hat uns von einem Lagerplatz zum nächsten geführt! Nachts hat er mit seinem Feuer unseren Weg erleuchtet, und am Tag war er in der Wolke bei uns."

Gott möchte, dass wir ihm nachfolgen, auch wenn es keine geebneten Straßen, keine Landkarte und keine besonderen Zeichen gibt. Das ist eine große Herausforderung, denn sie setzt blindes Vertrauen voraus. Vertrauen wir Gottes Führung? Sind wir bereit aufzubrechen, auch wenn wir nicht wissen, wohin Gott uns führen will? Wir haben heute keine Feuersäule und keine Wolke, an der wir uns orientieren können. An dieser Stelle werden wir unweigerlich mit der Frage konfrontiert, wie Gott heute führt. Psalm 119,105 gibt uns eine Antwort: *„Dein Wort ist meines Fußes Leuchte und ein Licht auf meinem Weg."* Gott gibt uns Prinzipien, nach denen wir leben sollen. Und er hat uns den Heiligen Geist gegeben, der in uns wirkt, wenn wir ihm Raum geben. Der Heilige Geist redet zu uns, wenn wir mit offenem Herzen und offenen Ohren in der Bibel lesen. Glauben wir dem Wort Gottes, so werden wir auch Erfahrungen mit ihm machen und in unserem Glauben wachsen – Schritt für Schritt.

Auch ich habe in meinem Leben bisher schwierige und schmerzvolle Zeiten erlebt, in denen ich gelernt habe, mein Vertrauen auf Gott zu setzen. Er hat mich nicht im Stich gelassen, sondern mir Hilfe, Trost und Hoffnung gegeben. Meine Beziehung zu Gott ist gerade in Notsituationen intensiver und tiefer geworden. Ich möchte daher meine „Wüstenerfahrungen" nicht missen, denn Gott hat mir dadurch unter anderem gezeigt, dass er sich um mich und meine Bedürfnisse kümmert. Wir sollten uns nicht entmutigen lassen, wenn unsere Leben nicht so abläuft, wie wir es uns vorgestellt haben. Gott weiß, was er tut und sein Weitblick geht über unseren begrenzten Horizont hinaus. Gott lädt uns ein, seiner Führung zu vertrauen. Es lohnt sich.

Eigene Notizen

10 Jahre KHK

Werde ich jemals wieder einen
Berg besteigen können?

„Stopp!", rief der Arzt aus dem Hintergrund im Herzlabor. „Herr Failing, wir müssen leider die Untersuchung abbrechen, da uns ein Fehler unterlaufen ist. Wir können die Untersuchung erst morgen früh wiederholen." Damit hatte ich nun überhaupt nicht gerechnet, da ich vor dieser Untersuchung zu Gott gebetet hatte: „Herr, lenke du die Hand des Arztes und schenke mir Bewahrung bei der Untersuchung."
Die Rede ist von einer Herzkatheter-Untersuchung in einem bekannten Herzzentrum, das ich wegen akuter Herzbeschwerden aufsuchen musste. Nachdem die Untersuchung abgebrochen wurde, stellte sich mir die Frage:
„Warum hat Gott mein Gebet nicht erhört?" Ich konnte mir darauf in diesem Moment keine Antwort geben, fühlte mich enttäuscht und verunsichert. Als ich wieder in meinem Stationszimmer war, reagierte mein Mitpatient sehr erstaunt darüber, dass ich schon wieder da war und meinte zu mir, dass das ja sehr schnell gegangen sei. „Nein", entgegnete ich, „es ist leider etwas schief gelaufen. Ich muss nun 24 Stunden auf dem Rücken liegen und kann erst morgen früh untersucht werden."
Wir unterhielten uns dann über andere Dinge, und es entwickelte sich ein sehr intensives Gespräch über den christlichen Glauben. Er fragte mich nach meinen Erfahrungen, hörte mir mit großem Interesse zu, und es kam zu einem regen Gedankenaustausch. Am Ende des Gespräches beteten wir miteinander zu Gott. In diesem Moment wurde mir klar, dass Gott mein Gebet doch erhört hatte! Nur anders als ich es mir vorgestellt habe: Das Gespräch mit meinem Mitpatienten war Teil von Gottes Plan. Denn hätte

die Untersuchung wie vorgesehen bei mir geklappt, hätte ich den Mitpatienten nicht mehr gesehen, da ich auf die Intensivstation gekommen und er schon entlassen worden wäre. Dieses Erlebnis machte mir deutlich, dass Gottes Wege oft ganz anders sind als unsere eigenen Vorstellungen. Ich war um eine Erfahrung reicher und dankte Gott für die unvorhergesehene Wende.

Apropos KHK – der Begriff bedarf einer Erklärung: Er ist ein medizinischer Ausdruck und bedeutet Koronare Herzerkrankung. Mit diesem gesundheitlichen Problem setze ich mich schon seit über 10 Jahren auseinander. Es ist eine Stoffwechselstörung, die bei mir auf eine genetische Veranlagung zurückzuführen ist. Meine Mutter hatte diese Krankheit und ist nach dem dritten Herzinfarkt gestorben. Damals gab es noch keine invasiven Behandlungsmethoden. Inzwischen ist die Medizin weiter, und es gibt Möglichkeiten, die Krankheit in den Griff zu bekommen. Trotzdem war es ein Schock für mich, als mir die Ärzte nach der ersten Untersuchung eröffneten, dass ich eine Drei-Gefäßerkrankung mit hochgradigen Verengungen habe. Im Laufe von mehreren Jahren war ich insgesamt zehn Mal zu Behandlungen in Herzkliniken. Das war nicht immer leicht. Oft machte ich mir Gedanken, wie es in der Zukunft weiter gehen sollte. Aber ich habe mich immer wieder Gottes Führung anvertraut und bei jedem Klinikaufenthalt Freunde und meine Gemeinde informiert und um Fürbitte gebeten. Gott hat die Gebete der Gemeindeglieder und der Freunde erhört. Insbesondere haben meine Frau und meine Kinder mich im Gebet begleitet. So erlebte ich viele Male Gottes Bewahrung.

Einmal wäre beinahe eine Verwechslung der Blutuntersuchung während einem meiner Krankenhausaufenthalte entstanden. Ich hatte gerade für kurze Zeit mein Krankenzimmer verlassen, währenddessen irrte sich ein Patient im Zimmer und setzte sich auf meinen Stuhl. Der Arzt kam zum Blutabnehmen, fragte den

Patienten jedoch nicht nach seinem Namen. Ein Mitpatient bemerkte die Verwechslung und machte den Arzt darauf aufmerksam. Als ich kurz danach zurückkam, erzählte der Mann mir von dem Vorfall. Ich malte mir aus, was durch eine Blutverwechslung alles hätte passieren können und dankte Gott für seine Fürsorge. In diesem Zusammenhang beschäftigte mich der Gedanke, ob man ärztliche Hilfe in Anspruch nehmen oder nur auf die Kraft Gottes vertrauen und von ihm Heilung erbitten sollte. Ich bin zu der Erkenntnis gekommen, dass ärztliche Hilfe und göttliche Hilfe einander nicht ausschließen. Das Eine hängt mit dem Anderen zusammen. Gott kann die Hand des Arztes lenken und ihm Weisheit schenken. Die Frage ist nur, ob ich mich ausschließlich auf Ärzte verlasse, oder ob ich gezielt für die Ärzte bete, dass sie das Richtige tun.

Ich habe mich für Letzteres entschieden und damit sehr gute Erfahrungen gemacht. Gott steht zu seinem Wort!

„Keinen Schritt mehr, Herr Failing! Bitte setzen Sie sich, ich muss Sie sofort auf die Intensivstation einweisen, da Sie kurz vor einem Herzinfarkt stehen". Das waren die Worte einer Stationsärztin in einem Krankenhaus in Herne. Ich hatte mich dort an einem Wochenende für eine stationäre Untersuchung angemeldet, da ich überraschend starke Herzbeschwerden bekam. Ich war gerade mit meiner Frau im Ruhrgebiet zu Besuch bei meiner jüngsten Tochter Katharina, die ihr zweites Kind erwartete. Meine Frau wollte, während des Krankenhausaufenthaltes meiner Tochter, den Schwiegersohn und die Enkeltochter Lena versorgen.

Im Krankenhaus in Herne hatte man mir am Samstag ein Bett für Montag zugesagt. Als ich mich zur Aufnahme meldete, sagte man mir auf der Station, dass leider kein Bett frei wäre. Es sei ein Notfall dazwischen gekommen. Ich wollte gerade gehen, als mich die Ärztin auf dem Flur ansprach und mich in ihr Sprechzimmer mitnahm. „Bevor Sie gehen, möchte ich noch gerne ein EKG machen". Das Ergebnis war so schlecht, dass ich das Krankenhaus nicht verlassen durfte. Auf der Intensivstation hatte man noch ein Bett für mich, und zwei Tage später wurde ich mit einem Rettungswagen in eine Spezialklinik nach Ostwestfalen verlegt. Auf diese Weise blieb ich vor einem lebensgefährlichen Herzinfarkt bewahrt. Gott hatte seine schützenden Hände über mir ausgebreitet.

Als meine Krankheit diagnostiziert wurde, machte ich mir sehr viele Gedanken und Sorgen. Kann ich mit meinem schwachen Herzen überhaupt noch weiter arbeiten für das Reich Gottes oder muss ich vorzeitig in Rente gehen? Werde ich jemals wieder einen Berg besteigen können? Solche und ähnliche Fragen gingen mir durch den Kopf. Meine Frau beruhigte mich: „Dann bleiben wir eben vor dem Berg stehen, dass ist doch nicht so schlimm."
Die Eingriffe der Ärzte an meinem Herzen waren erfolgreich. Man setzte mir im Laufe von mehreren Jahren vier Stents ein und empfahl mir, gesundheitsbewusst zu leben. Später lernte ich Herrn Prof. Dr. med. Gerd Schnack kennen, der mir wertvolle Tipps für ein präventives Herzkreislauftraining gab.
Doch es lief nicht immer alles glatt: Im Frühjahr 2004 wurde ich erneut mit einer Herzattacke konfrontiert. Ich befand ich mich gerade auf einer 1-wöchigen Reise auf Sardinien, um ein Hotel und Ausflüge für eine Gruppenreise auszuwählen. Nach einem wunderschönen Tagesausflug zur benachbarten Insel Korsika kam ich abends wohl behalten ins Hotel zurück. Ich ließ noch einmal die Erlebnisse des Tages Revue passieren: Die steilen weißen Felsen an der Südspitze Korsikas, das alte Hafenstädtchen Bonifacio mit seinen schmalen Gassen, kleinen Cafés und einladenden Restaurants haben mir sehr gut gefallen. Während ich mit meinen Gedanken beschäftigt war, verspürte ich plötzlich einen Blutdruckanstieg. Mein Messgerät schlug weit nach oben aus. Nach einem Duschbad legte ich mich ohne Abendessen ins Bett. Ich hatte Schüttelfrost, zitterte am ganzen Körper. Ich dachte: „Jetzt musst du einen Arzt rufen!" Mir schossen sekundenschnell un-

zählige Gedanken durch den Kopf: Was ist, wenn du sofort in ein Krankenhaus eingewiesen wirst? Dann fände meine Reise ein abruptes Ende, ohne dass ich meine Arbeit erledigen könnte. Ich war voller Ängste und wusste nicht, was ich tun sollte. Plötzlich fiel mir ein Vers aus der Bibel ein: *„Rufe mich an am Tage der Not..."* (Psalm 50,15). Das tat ich dann und bat Gott inständig um Hilfe. Er erhörte mein Gebet, nach etwa einer Stunde war der Anfall vorüber, und ich schlief mit dankbarem Herzen ein. Am nächsten Tag konnte ich meine Reise wie geplant fortsetzen.

Dennoch verstand ich die Attacke als Warnhinweis. Wieder in Deutschland angekommen, suchte ich meinen Hausarzt auf und berichtete ihm von dem Vorfall. Ich erzählte ihm außerdem, dass ich in zwei Wochen eine Reise nach Sizilien vorhätte und fragte ihn, ob ich überhaupt reisefähig sei. Er beruhigte mich jedoch und meinte, dass das wahrscheinlich nur ein Infekt gewesen sei. Er machte ein EKG und gab mir dann die „Reiseerlaubnis". Dennoch hatte ich ein ungutes Gefühl in Bezug auf seine Diagnose. Die Reise verlief glücklicherweise ohne Zwischenfälle, und ich war froh, als ich wieder gesund zu Hause ankam. Am Flughafen wurde ich von dem Sohn einer Teilnehmerin im Auto mit nach Hause genommen, und während unseres Gespräches fragte ich den jungen Mann, was er beruflich mache. Daraufhin erzählte er mir, dass er Arzt sei und eine Praxis in der Nähe meines Wohnorts habe. Das nahm ich zum Anlass, um ihm mein Krankheitsbild zu schildern. Er gab mir seine Visitenkarte, und ich beschloss, ihn bei erneuten Komplikationen aufzusuchen. Das Ereignis auf Sardinien und andere Begleiterscheinungen ließen, entgegen der Auffassung des Hausarztes, die Vermutung aufkommen, dass bei mir erneut eine Stenose (Verengung) der Herzarterie eingetreten war. Ich fragte – rein prophylaktisch – telefonisch in der Herzklinik, in der ich zuletzt behandelt wurde, nach einem Termin für eine stationäre Kontrolluntersuchung. Dann ging ich in die Sprechstunde des jungen Arztes, und er riet mir, unabhängig von meinen vorangegangenen Überlegungen, zu einer genaueren

Untersuchung in der Herzklinik. Das konnte kein Zufall sein, da ich Gott ganz konkret um eine Antwort gebeten hatte!

Mit der Einweisung in die Klinik hatte der Arzt die richtige Entscheidung getroffen, denn bei der dortigen Herzkatheteruntersuchung wurde tatsächlich eine Gefäßverengung festgestellt. Mit einer Dilatation (Ballondehnung) und der Einsetzung eines Stents konnte das Problem behoben werden. Gott hat in wunderbarer Weise vorgesorgt und mich ganz überraschend mit dem richtigen Arzt zum richtigen Zeitpunkt in Verbindung gebracht.

Auch der folgende Bericht veranschaulicht Gottes Führung in ganz besonderer Weise: 1997 machten meine Frau und ich zusammen Urlaub auf Korsika. Ich litt dort plötzlich unter Appetitlosigkeit und nahm innerhalb weniger Tage etwa fünf Kilo ab. Als wir wieder in Deutschland waren, suchte ich umgehend meinen Hausarzt auf, der sofort eine Blutuntersuchung veranlasste und mir eine Überweisung zur Generaluntersuchung im Krankenhaus ausstellte. Dort wurde ich von Kopf bis Fuß gründlich untersucht und mit dem schockierenden Befund: „Dringender Verdacht auf Schilddrüsenkarzinom" konfrontiert. Ich war wie gelähmt, als die Diagnose in mein Bewusstsein drang. Doch wirklich realisieren konnte ich diese schreckliche Nachricht nicht. Ich hatte das Gefühl, in einen Albtraum geraten zu sein. Nachdem sich der erste Schock gelegt hatte, informierte ich einige meiner Freunde und die Ältesten der Gemeinde. Ich bat sie, für mich zu beten, so wie es in Jakobus 5,13 – 14 steht:

> „Wer von euch Schweres zu ertragen hat, soll beten. Wer von euch glücklich ist, soll Loblieder singen. Wer von euch krank ist, soll die Ältesten der Gemeinde rufen, damit sie für ihn beten und ihn im Namen des Herrn mit Öl salben. Ihr vertrauensvolles Gebet wird den Kranken retten."

Einer der Ältesten, der gekommen war, um gemeinsam mit mir zu beten, sagte zu mir: „Ich habe Gott um ein Wort des Trostes für dich gebeten, und während des Gebetes kamen mir immer wieder die Worte **der Sturm geht vorüber** in den Sinn."
Ich konzentrierte mich gedanklich auf diesen Satz und kam innerlich zur Ruhe, konnte meine Sorgen loslassen und an Gott abgeben.

Zwei Tage später musste ich auf die chirurgische Station des Krankenhauses, um einen Operationstermin zu vereinbaren. Das war an einem Montagmorgen und die Operation sollte donnerstags stattfinden. Bis dahin konnte ich wieder nach Hause gehen. Am Mittwochmorgen klingelte das Telefon. Der zuständige Arzt war am Apparat: „Herr Failing, wir haben eine gute Nachricht für Sie. Nach der Auswertung der Biopsie hat sich der Verdacht auf ein Karzinom nicht bestätigt. Kommen Sie bitte morgen zu mir, dann können wir alles Weitere besprechen."
Wieder hatte ich im ersten Moment das Gefühl zu träumen. Dann dachte ich an den Satz: „Der Sturm geht vorüber", und ich dankte Gott von ganzem Herzen für seine Antwort auf mein Gebet.
Am nächsten Tag fuhr ich sehr erleichtert ins Krankenhaus. Dort versetzte mir der Arzt jedoch den nächsten Schock: „Leider sieht es nicht ganz so gut aus. Ich habe mit einem Kollegen in Düsseldorf Rücksprache genommen, der unbedingt eine Operation des Knotens empfiehlt, da man die Möglichkeit, dass der Knoten doch bösartig ist, nicht vollständig ausschließen kann." Ich war wie vor den Kopf gestoßen – damit hatte ich überhaupt nicht gerechnet!
Völlig durcheinander bat ich den Arzt um Bedenkzeit. Ich musste erst einmal diese „Wechselbäder" verkraften und Ordnung in meine Gedanken und Gefühle bringen.
Auf dem Weg nach Hause betete ich im Auto laut zu Gott und vertraute ihm meine Aufregung und meine Sorge an. Ich bat ihn ganz konkret um Hilfe, denn ich dachte, wir können und dürfen Gott in allen Situationen, in denen wir nicht weiter wissen, um

Klarheit bitten. Ich sagte ihm, dass er allein die richtige Entscheidung treffen könne. Ich wollte mich auf seine Führung einlassen und bat ihn, damit ich völlige Klarheit bekäme, dass er meinen Hausarzt veranlassen solle, bei mir anzurufen. Der Hausarzt möge mich bestellen, um die weitere Behandlung mit mir zu besprechen. War das von Gott zu viel verlangt? Das war eine eher ungewöhnliche Bitte, aber ich war überzeugt davon, dass es für Gott kein Problem ist, die Situation so zu lenken.

Zwei Tage hörte ich nichts. Aber dann kam doch der ersehnte Anruf! Die Sprechstundenhilfe teilte mir mit, dass der Doktor mich sprechen wolle und gab mir einen Termin. Der Hausarzt erklärte mir, dass ihm die Sache keine Ruhe gelassen habe. Nach eingehender Prüfung der Sachlage wäre er zu der Erkenntnis gekommen, dass die Kollegen im Krankenhaus „falsch liegen". Er verordnete mir zwei Medikamente, die ich vier Wochen lang einnehmen sollte. Das habe ich befolgt, und nach dieser Zeit waren meine Blutwerte wieder in Ordnung und der Knoten am Hals war auch weg. **Der Sturm war endgültig vorüber!** Ich dankte Gott von ganzem Herzen für dieses Wunder.

Ich habe bis heute keine nennenswerten Ausfälle wegen Krankheit am Arbeitsplatz gehabt. Ich musste auch nicht vorzeitig einen Rentenantrag stellen. Im Gegenteil: Gott gab mir neue Kraft, sodass ich sogar in der Lage war und bin, über das offizielle Rentenalter hinaus, meine Arbeitskraft für die Verkündigung und Verbreitung des Evangeliums von Jesus Christus einzusetzen. Das ist keineswegs selbstverständlich, sondern vielmehr ein Geschenk Gottes und dafür empfinde ich tiefe Dankbarkeit.

20 Jahre Reiseleiter

„Spar dir dein Geld
und kauf dir dafür einen Anzug"

„Spar dir dein Geld und kauf dir dafür einen Anzug." Mit dieser Empfehlung wollte mein Vater mich von meiner ersten Reise abhalten. Meine Eltern waren sehr bodenständige Leute. Sie hatten eine kleine Landwirtschaft und mussten immer präsent sein. Deshalb kam es für sie nicht in Frage, eine Reise zu machen und dafür auch noch Geld auszugeben. Der Rat meines Vaters war für mich zwar verständlich, aber ich ließ mich von meinem Vorhaben trotzdem nicht abhalten. Ich besaß damals ein Motorrad, das wurde reisefertig gemacht und bepackt. Dann fuhren mein Freund Werner und ich durch das schöne Hessenland zur Edertalsperre. Das war meine erste kleine Reise mit dem Motorrad. Später folgten weitere Reisen mit einem gebrauchten VW, zum Beispiel nach Bayern und dann über die Landesgrenze hinaus nach Österreich. Die Reiselust hatte mich gepackt und seitdem zog es mich immer wieder in die Ferne.

Jahre später reiste ich nach Israel – in das Land der Bibel. Es war mein erster Flug, und ich hatte Herzklopfen als ich in das Flugzeug stieg. Ich sprach ein Gebet: „Gott, bewahre mich auf dieser Reise und lass mich wohlbehalten in Israel ankommen." Er erhörte mein Gebet, und der Flug verlief gut. Als wir, die Reisegruppe vom Missionswerk Neues Leben, dann mit dem Bus von Tel Aviv durch das Land nach Jerusalem hinauf fuhren, war ich fasziniert und tief beeindruckt von allem, was ich sah, besonders vom Anblick der Stadt Jerusalem. Hier hatte Jesus gelebt und auf dem Ölberg, der Jerusalem gegenüber liegt, hatte er die Worte ausgesprochen: „Jerusalem, Jerusalem, wie oft habe ich dich versammeln wollen wie eine Henne ihre Küchlein, aber ihr habt nicht gewollt." Die Juden lehnten Jesus als den Messias ab und kreuzigten ihn auf dem Hügel Golgatha. Dort rief er aus: „Mein Gott, mein Gott, warum hast du mich verlassen?" In dieser Gottesferne hat er für unsere persönliche Schuld gebüßt. Als junger Christ wurde mir das damals sehr bewusst, und ich dankte Gott für die Erlösung durch seinen Sohn. Zwei Jahre zuvor hatte ich mein Leben Jesus Christus anvertraut und dadurch eine neue Denkweise sowie andere Zielvorstellungen für mein Leben gewonnen.

In den Schulferien waren wir mit der Familie unterwegs in Dänemark, in der Schweiz, in Italien und auch auf der schönen Insel Korsika. Immer wieder gab es Gelegenheiten mit Menschen, die wir unterwegs kennen lernten, ins Gespräch über die wunderbare Schöpfung Gottes zu kommen. So auch auf der Autofähre von Nizza nach Calvi. Gegen fünf Uhr morgens stand ich mit einem Herrn an der Reling. Wir sahen wie die aufgehende Sonne sich wie ein Feuerball aus dem Meer erhob. Es war ein grandioses Bild. Wir kamen ins Gespräch und redeten unter anderem über Evolution und Schöpfung. Ich gab dem Mitreisenden zu verstehen, dass ich an den Schöpfungsbericht der Bibel glaube, dass Gott Himmel und Erde geschaffen habe und dass er der Herr über alles Sichtbare und Unsichtbare sei.

Auf der Insel Korsika wohnten wir im Calvi Hotel von „Neues Leben" und erlebten wunderbare Ferien. Es war für alles gesorgt: Es gab gutes Essen, der Strand war sehr schön und das blaue Meer lud zum Schwimmen und Boot fahren ein. Jeden Tag konnte man auch an einem geistlichen Programm teilnehmen. Es gab Vorträge über die Bibel, es wurde viel gesungen, und wir hatten eine fröhliche Gemeinschaft mit den Teilnehmern der Freizeit. Es war ein unvergessliches Erlebnis. Wie es sich später herausstellte, sollte es für mich nicht nur bei diesen „Privatreisen" bleiben. Mein neuer Arbeitsplatz im Missionswerk Neues Leben bot mir die Gelegenheit, mich unter anderem auch im Reisebereich zu engagieren.

Anfang der 80er Jahre bot „Neues Leben" auch Reisen auf den Spuren des Apostels Paulus in Griechenland an. Diese Reisen wurden von dem Evangelisten Ernst Jung gemeinsam mit seinem griechischen Freund Georg Bussios organisiert und geleitet. Das Reiseziel Griechenland reizte mich sehr, sodass ich Kontakt mit Ernst Jung aufnahm und ihn ansprach: „Ernst, ich möchte gerne mal mit nach Griechenland kommen." „Das ist doch kein Problem", entgegnete er, und somit war ich schon angemeldet. Kurz vor Reisebeginn wurde Ernst Jung plötzlich krank und musste sich im Krankenhaus einer Operation unterziehen. Ich fragte den damaligen Geschäftsführer vom Missionswerk Neues Leben, Herbert Müller, wer nun diese Griechenlandreise leiten würde. Seine Antwort lautete: „Du, du bist doch angemeldet." „Aber ich bin doch noch nie in Griechenland gewesen und kenne dieses Land nicht", entgegnete ich ihm völlig überrascht. „Das macht nichts. Du wirst dich schon einarbeiten und außerdem hast du Georg Bussios an deiner Seite, der kennt sich bestens aus." Also, was blieb mir anderes übrig, als mich schnellstens mit einigen Andachten vorzubereiten und den Reiseverlauf genauestens zu studieren! Ich mobilisierte auch meine Frau und so begaben wir uns als frisch gebackene Reiseleiter zum Flughafen nach Frankfurt. Damals ahnte ich noch nicht, dass das der Auftakt für eine über 20-jährige Reiseleitertätigkeit werden sollte, die für eine willkommene Abwechslung in meinem Innendienst sorgte.

Nachdem Ernst Jung wieder gesund war, führte er noch weitere Reisen nach Griechenland durch, bei denen ich als sein Assistent mitfuhr. Ich lernte sehr viel von ihm und leitete nach seiner Pensionierung selbständig diese Reisen.

Sehr eindrucksvoll waren für mich die Besuche der historischen Orte Philippi, Athen und Korinth. Das waren Städte, die Paulus auf seiner zweiten Missionsreise besuchte.

Diese zweite Missionsreise des Paulus konnte nicht nach seinem Plan durchgeführt werden, sondern er und seine Mitarbeiter wurden von Gott nach Europa, nach Nordgriechenland, geschickt.

Mit einem Schiff fuhren sie von Troas zu der kleinen Insel Samothrake und weiter nach Neapolis. Heute heißt diese Hafenstadt Kavalla. Von dort aus erreichten sie Philippi, eine Stadt im Landesinneren. In dieser Stadt waren Menschen, die das Evangelium von Jesus Christus hören sollten. Es waren Menschen aus unterschiedlichen Gesellschaftsschichten, die zum Glauben an Jesus Christus kamen: die Geschäftsfrau Lydia, ein von Dämonen besessenes Sklavenmädchen und ein Gefängniswärter. Wir wissen aus der Apostelgeschichte, dass die Reise dann weiter ging über Thessaloniki nach Athen. Athen war auch der Höhepunkt unserer Reisen. Dort wurden uns alle historischen Stätten und Plätze gezeigt und erklärt. Am eindruckvollsten war die Akropolis von Athen. Ganz in der Nähe der Akropolis gibt es einen kleinen Hügel, den so genannten Areopag. Auf diesem Hügel traf sich zur Zeit des Paulus der Rat der Philosophen von Athen. Hier hatte Paulus eine Rede gehalten. Diese Rede ist dort in einen Stein gemeißelt und man kann nachlesen, was Paulus den Athenern gesagt hatte. Er hatte den gebildeten Leuten von dem einen wahren Gott erzählt, ihn als den Schöpfer vorgestellt und den Athenern geraten, sich von den Götzen abzukehren und sich Gott zuzuwenden. Dann hat er ihnen Jesus vorgestellt, durch den Gott einmal die Welt gerecht richten wird und den er von den Toten auferweckt hat. Die Athener reagierten auf diese Rede unterschiedlich, die einen lachten Paulus aus, andere wollten mehr hören und einige kamen zum Glauben. Es sind bewegende Augenblicke, an solchen Stätten zu stehen, wo das Evangelium von Jesus Christus gesagt und angenommen oder aber auch abgelehnt wurde. Auch Altkorinth haben wir besucht und den Bericht in der Apostelgeschichte 18, 1–9 vorgelesen.

Von „Neues Leben-Reisen" wurden viele Gruppenreisen nach Griechenland angeboten. Diese Reisen waren sehr interessant und auch immer gut belegt. Die Teilnehmer waren begeistert von den schönen griechischen Inseln Zypern, Samos, Kreta, Korfu,

Rhodos, Kos, Kalymnos und Patmos und deren unterschiedlichen Stränden, die vom feinen Sandstrand bis hin zu Felssträndern mit kleinen steinigen Buchten reichten.

Erlebnisreich und anstrengend war ein „Inselhüpfen" über mehrere Inseln des Dodekanes: Rhodos, Kos, Kalymnos und Patmos, die dicht vor der kleinasiatischen Küste liegen. Weil diese Inseln sehr viel Sonne haben, gibt es dort fruchtbare Täler, in denen alle Südfrüchte aufs Beste gedeihen. Bei dieser besonderen Inseltour haben wir viel Schönes gesehen und erlebt. Natürlich gab es auch Situationen, die nicht angenehm waren. Zwischenmenschliche Probleme sind nicht immer zu vermeiden, wenn unterschiedliche Charaktere aufeinander treffen und Zeit miteinander verbringen. An einem Tag gab es trotz guter Planung ein Problem. Die Abfahrt von der einen Insel zur anderen war für 8.00 Uhr morgens geplant. Kurz vor der Abfahrtszeit wurde uns mitgeteilt: „Das Schiff fährt nicht um 8.00 Uhr morgens, sondern um 19.00 Uhr abends". Wir mussten aber die Hotelzimmer schon am Morgen räumen. Wohin mit den Koffern? Die Hotelleitung stellte uns einen kleinen Raum zur Verfügung, der aber nicht abzuschließen war. Ein Reiseteilnehmer war mit dieser Situation ganz und gar nicht einverstanden und warf der Reiseleitung Unverantwortlichkeit vor. Wir konnten ihn nicht beruhigen.

Fünf Jahre später traf ich ihn und seine Frau zufällig wieder. Sie kamen freudestrahlend auf mich zu und fragten, ob ich sie noch kenne. Ich sagte: „Ja, nur kann ich mich leider nicht mehr an Ihren Namen erinnern." „Wir waren doch vor 5 Jahren mit Ihnen in Griechenland", sagte der Mann und fügte hinzu: „Es war eine wunderbare Reise. Sie haben uns damals auch von Ihrer Missionsarbeit in Südamerika berichtet und eine Diaserie gezeigt. Wir möchten diese Arbeit gerne mit einem monatlichen Geldbetrag unterstützen." Ich freute mich sehr über die Spendenbereitschaft dieses Ehepaares und dankte Gott dafür.

Oft wurden wir mit unvorhergesehenen Situationen konfrontiert. So kamen wir zum Beispiel spät abends auf der Insel Patmos an. Ein Mitarbeiter der dortigen Agentur, die für uns das Hotel gebucht hatte, begrüßte uns und erklärte mir und Ernst Jung, dass wir die gebuchte Halbpension an diesem Abend im Hotel nicht bekommen, sondern sie erst am nächsten Mittag in Anspruch nehmen könnten. Damit waren wir natürlich nicht einverstanden und suchten nach einer schnellen Lösung. Ernst Jung ging mit der Gruppe ins Hotel, während ich mit dem jungen Mann von der Agentur ein Restaurant aufsuchte und ihn bat, mit dem Besitzer ein Abendessen für unsere Gruppe auszuhandeln. Der Restaurantbesitzer kam freudestrahlend unserem Wunsch nach und binnen kurzer Zeit hatte er alles vorbereitet, und die Gruppe konnte wie vorgesehen zu Abend essen. Das Essen war so gut, dass viele unserer Teilnehmer auch am nächsten Tag dieses Restaurant besuchten. Der Restaurantbesitzer verabschiedete sich sehr herzlich von uns und nannte uns seine Freunde.

Neben diesen kleinen Begebenheiten waren wir immer wieder erstaunt über die Aktualität der Bibel. Bei dem Besuch auf der Insel Patmos konnten wir die Grotte besichtigen, in der Johannes nach der Überlieferung gelebt und dort die Offenbarung Jesu Christi empfangen hatte. Am Ende der Bibel ist uns die Offenbarung des Johannes aufgezeichnet, und wir können daraus entnehmen, dass Gott einmal eine neue Erde und einen neuen Himmel schaffen wird und dass die Menschen, die Jesus Christus als ihren persönlichen Heiland und Herrn angenommen haben, dort bei Gott in ewiger Sicherheit leben werden. Das ist eine Hoffnung für die Zukunft. An Ort und Stelle wurden einige Abschnitte aus der Offenbarung gelesen, die angesichts der historischen Örtlichkeit besonders eindrucksvoll von unseren Teilnehmern aufgenommen wurden.

Die südlich gelegene Insel Zypern gehört zu den begehrtesten Reisezielen im Mittelmeer. Man wirbt dort mit dem Slogan „Zypern – wo die Götter Urlaub machen". Ich habe mehrere Gruppenreisen zu dieser wunderschönen Insel organisiert. Nicht zuletzt auch deswegen, weil auf dieser Insel die erste Missionsreise des Apostel Paulus begann. Saulus und Barnabas gehörten zu einer Gemeinde im syrischen Antiochia. Aus dieser Gemeinde wurden sie durch den Heiligen Geist ausgesandt, das Evangelium auf die Insel Zypern zu bringen. Zusammmen mit dem Neffen von Barnabas, Johannes Markus, gingen sie in der Hafenstadt Seleuzia an Bord eines Segelschiffes und fuhren nach Zypern. In der Stadt Salamis suchten sie die jüdischen Synagogen auf und verkündigten dort das Wort Gottes. Die Insel Zypern war die Heimat von Barnabas, und es war für ihn sicher eine ganz besondere Herausforderung, das Evangelium von Jesus Christus seinen Landsleuten zu bringen. Sie missionierten auf der ganzen Insel bis hin nach Paphos. In Paphos trafen sie einen Zauberer und falschen Propheten, einen Juden mit dem Namen Bar-Jesus, der bei dem Gouverneur der Insel, Sergius Paulus, angestellt war. Sergius Paulus bestellte Barnabas und Saulus zu sich, weil er am Wort Gottes interessiert war. Das wollte der Zauberer verhindern, aber Paulus, der mit dem Heiligen Geist erfüllt war, sah ihn an und widersprach ihm heftig und bestrafte ihn für eine Zeit lang mit Blindheit für dieses Verhalten. Es ist nachzulesen in der Apostelgeschichte 13,11: *„Auf der Stelle fiel Dunkelheit und Finsternis auf ihn, und er ging umher und suchte jemanden, der ihn an der Hand führte."* Der Gouverneur war von diesem Wunder so ergriffen, dass er zum lebendigen Glauben an Jesus Christus fand.

Noch heute kann man auf der Insel Spuren des früheren Christentums finden. In der Nähe von Paphos hat man Fuß-bodenmosaiken gefunden, in denen christliche Motive, wie zum Beispiel der Fisch, zu sehen sind. Die damaligen Christen haben dieses Zeichen als Zeugnis ihres Glaubens an Jesus Christus in ihren Häusern hinterlassen. Mit unseren Reisegruppen haben wir diese historischen Stätten besucht und die Berichte in der Apostelgeschichte 13 mit ihnen in Verbindung gebracht.

. . . .

Die schöne Ferieninsel Samos ist ein guter Ausgangspunkt für einen Tagesausflug in die Türkei. Nach einer kurzen Schiff- und Busfahrt kamen wir in Ephesus an. Ephesus ist die größte antike Ausgrabungsstätte Europas. Auch hier hat Paulus anlässlich seiner dritten Missionsreise gewirkt. In der Apostelgeschichte Kapitel 19 wird darüber Näheres berichtet. Erwähnen möchte ich den Namen Demetrius, einen Goldschmied, der kleine silberne Miniaturtempel der griechischen Göttin Artemis nachbaute und mit großem Gewinn verkaufte. Paulus verkündigte den Menschen dort, dass das, was mit den Händen gemacht wird, keine Götter sind. Es kam zu einem gewaltigen Aufruhr und eine große Volksmenge kam zusammen und sie schrieen: „Groß ist die Diana der Epheser!" Die ganze Stadt wurde zu einem einzigen Getümmel, und die Menschen stürmten zum Theater und ergriffen zwei Mitarbeiter von Paulus. Aber hier erfuhren diese Mitarbeiter – und auch Paulus – besonderen Schutz durch den amtierenden Kanzler, der das Volk beruhigte und sie aufforderte, nichts Unbedachtes zu tun. Viele aber, so steht es in Vers 19, die Zauberei getrieben hatten, brachten die Bücher zusammen und verbrannten sie öffentlich und berechneten, was sie wert waren und kamen auf 50.000 Silbergroschen. So breitete sich das Wort durch die Kraft Gottes aus.

. . . .

Nicht unerwähnt lassen möchte ich die größte griechische Insel, nämlich Kreta. Es ist eine landschaftlich sehr schöne Insel mit vielen Gebirgszügen und Schluchten. Die berühmteste Schlucht ist die Samaria-Schlucht mit einer Länge von 16 Kilometern. Bei Tagesausflügen konnten wir so manche historische Stätte bewundern, zum Beispiel Knossos, wo viel über die Dynastie des Königs Minos durch Ausgrabungen zu Tage kam. Im archäologischen Museum in Heraklion konnten wir unter anderem auch die Hieroglyphenschrift und die mächtigen alten Talente bewundern.

Begeistert waren unsere Teilnehmer von einem besonderen Tagesausflug, den wir zusätzlich organisierten. Wir mieteten acht Jeeps und fuhren von unserem Hotel, welches in der Nähe von Heraklion, der Hauptstadt der Insel lag, in den wunderschönen Norden der Insel. Fast immer hatten wir einen herrlichen Blick auf das tiefblaue Wasser des kretischen Meeres. Die Sonne war heiß, aber der Fahrtwind brachte angenehme Kühlung. Bei dieser Tour haben wir unter anderem in der Nähe von Chania, der zweitgrößten Stadt Kretas, in Maleme den deutschen Soldatenfriedhof besucht. Im Juni 1941 sind dort innerhalb von zehn Tagen bei einem Luftlandeunternehmen etwa 4500 deutsche Soldaten gefallen. So haben wir immer viel gesehen und erlebt.

Auch eine kleine lustige Episode möchte ich an dieser Stelle noch erwähnen: Ernst Jung und ich hatten bei einem Busausflug früh morgens vergessen, die Teilnehmer abzuzählen. Erst um die Mittagszeit bemerkten wir, dass nicht alle, die sich für diesen Ausflug angemeldet hatten, dabei waren. Ein Ehepaar fehlte. Das war uns natürlich sehr unangenehm, und wir machten uns Gedanken darüber, wie wir die Sache aus der Welt schaffen konnten. Da es keine andere Möglichkeit gab, beschlossen wir, uns bei dem Ehepaar zu entschuldigen. Ernst Jung war der Freizeitleiter und ich sein Assistent. Ich wollte mich vor der Entschuldigung drücken und sagte zu Ernst: „Du bist der Freizeitleiter, du musst das machen." Kopfschüttelnd akzeptierte er es. Natürlich hatten wir beide Herzklopfen als wir gegen Abend in unser Hotel zurückkamen. In der Hotelhalle kam uns das Ehepaar entgegen, und bevor Ernst Jung die Entschuldigung aussprechen konnte, empfing uns die Frau mit den Worten: „Herr Jung, wir müssen uns bei Ihnen entschuldigen. Wir haben heute Morgen total verschlafen. Es tut uns Leid, dass wir den Ausflug verpasst haben." Ernst Jung huschte ein Lächeln über das Gesicht und er antwortete ihr: „Das ist doch nicht weiter schlimm, das kann doch jedem mal passieren." Auf diese Weise kamen Ernst Jung und ich gut aus der Sache heraus. Später haben wir unser Versäumnis „gebeichtet".

· · · · · · · · · · · · ·

Nach etwa 20 Jahren Griechenlandreisen kam ich zu dem Entschluss, dass es an der Zeit wäre, ein anderes Land zu bereisen. Die Wahl fiel auf die Kanarischen Inseln, die zu Spanien gehören und etwa 100 bis 300 Kilometer vor der Nordwestküste Afrikas liegen. Die Kanarischen Inseln rühmen sich als „Inseln des ewigen Frühlings". Zunächst wählten wir die grüne Insel La Palma aus. Da die Apostel keine Missionsreisen auf die Kanaren gemacht haben, interessierte uns die heutige Situation in Bezug auf die Missionierung der Insel. Dabei erfuhr ich, dass der Missionar Pedro Rodriguez von der Missionsgesellschaft VDM ausgesandt war, um auf der Insel La Palma das Evangelium zu verkünden und Gemeinden zu gründen. Ich nahm mit ihm Kontakt auf und lud ihn ein, während unseres Aufenthaltes auf La Palma seine Arbeit in unserer Reisegruppe vorzustellen. So kam er an einem Abend zu uns ins Hotel und erzählte, dass er, obwohl er Spanier ist, es nicht leicht habe, das Evangelium von Jesus Christus in der überwiegend katholischen Bevölkerung weiterzusagen. Er war bemüht, ganz neue Wege der Verkündigung zu finden. So hatte er zum Beispiel einen örtlichen Radiosender gefunden, deren Betreiber bereit waren, ihm Sendezeit zu verkaufen. Nur das Geld fehlte ihm dafür. In unserem Hotel trafen wir eine deutsche christliche Gruppe von der Liebenzeller Mission. Wir arrangierten einen gemeinsamen Gottesdienst und baten Pedro Rodriguez die

Predigt zu halten. Er übernahm diesen Dienst sehr gerne und kam mit einigen jungen Leuten, die ihre Gitarren mitbrachten und uns beim Singen begleiteten. Am Ende des Gottesdienstes haben wir dann ein Missionsopfer für die Radioarbeit auf La Palma eingesammelt. Es war so viel Geld zusammen gekommen, dass Pedro die Sendezeit für seine Sendungen für ein halbes Jahr bezahlen konnte.

Da ich bei unseren Gruppenveranstaltungen auch immer unsere Missionsarbeit in Südamerika vorstellte und von unserem Kinderheim in Concordia berichtete, meinte im Anschluss an den Gottesdienst ein Teilnehmer, ich hätte doch bei dem gemeinsamen Gottesdienst ein Missionsopfer für Südamerika einsammeln können. Ich entgegnete ihm, dass unsere Aufgabe darin bestehe, in allen Bereichen für die Ausbreitung des Evangeliums Sorge zu tragen, und ich würde Gott vertrauen, dass er auch weiterhin dafür sorgt, dass genügend Geld für die Arbeit in Südamerika da ist. Das hatte Gott auch auf La Palma getan: Die Freizeit ging zu Ende, und unsere Gruppe hatte einen Betrag für unser Kinderheim in Südamerika zusammengelegt, der höher war als die Kollekte des gemeinsamen Gottesdienstes. Durch einen Scheck, den eine Teilnehmerin mir am letzten Tag der Reise überreichte, wurde die Summe deutlich erhöht. Ich konnte nur staunen und Gott danken.

· · · · · · · · · · · ·

Als weiteres Reiseziel bot sich die Kanarische Insel Teneriffa an. Dorthin hatte ich zunächst keine Kontakte. Doch Gott hatte schon vorgesorgt: Eines Tages bekam ich von Pfarrer Lohrmann, der auf Teneriffa eine missionarische Arbeit angefangen hatte, einen Brief, in dem er von Neues Leben Süd-Amerika e.V. Informationen über das Kinderheim in Argentinien anforderte. Eine Kinderstundengruppe in seiner kleinen Gemeinde wollte eine Patenschaft für ein Kind aus unserem Heim in Concordia übernehmen. Es entwickelte sich ein reger Schriftverkehr mit Pfarrer Lohrmann, und ich teilte ihm mit, dass wir von „Neues Leben Reisen" eine Gruppenreise zur Insel Teneriffa planten und gerne eine Kontaktperson auf Teneriffa hätten, die uns bei der Hotelsuche und bei Ausflügen behilflich sein könnte. Pfarrer Lohrmann kannte einen kompetenten Mann namens Otto Schippert. Er war Deutscher und lebte damals mit seiner Familie schon über sechzehn Jahre auf der Insel. Er kannte sich aus und hatte sich auf die Reiseleitung christlicher Gruppen spezialisiert. In ihm hatten wir den richtigen Mann gefunden. Er hat uns auf allen Ausflügen begleitet, wobei sich dann auch eine richtige Freundschaft mit ihm entwickelte. Alle unsere Gäste waren von „Otto" begeistert. So haben wir bei der Planung und Durchführung der Reisen immer wieder erlebt, dass Gott durch seine Führung alles im Griff hat.

So hatten wir zum Beispiel immer einen Bus mit 51 Sitzen bestellt, der bis auf den letzten Platz bei unseren Ausflügen besetzt war. Bei einem der Ausflüge meldete sich eine Frau morgens bei mir ab, weil es ihr gesundheitlich nicht gut ging. Nachdem alle Teilnehmer ihren Platz im Bus gefunden hatten, stellte ich verwundert fest, dass alle Plätze besetzt waren. Eigentlich hätte ja ein Platz frei sein müssen. Ich war etwas irritiert und zählte noch einmal durch. Es waren 50 Teilnehmer und alle Plätze waren belegt. Daraufhin fragte ich den Busfahrer, wie viele Sitzplätze der Bus habe. Er antwortete mir, dass der Bus nur 50 habe, da er an diesem Tag einen anderen hätte nehmen müssen.

· · · · · · · · · · · ·

Meine Reiselust war ungebrochen. Deshalb meldete ich mich als Teilnehmer für eine Südafrikareise mit Wilfried Schulte von Neues Leben an. In Südafrika lebt das Missionarsehepaar Marlies und Karl-Heinz Klapproth. Herr Klapproth war viele Jahre Missionsleiter bei der Missionsgesellschaft VDM, die über 100

Missionare in alle Welt ausgesandt hat. Inzwischen lebt er im aktiven Ruhestand in Afrika, um dort bei der Ausbreitung des Evangeliums zu helfen. In Südafrika geschieht das insbesondere durch Schriften- und Kassettenmission. Ich vereinbarte mit Herrn Klapproth ein Treffen in Johannesburg. Er hatte zu dem Zeitpunkt eine sehr schwierige Lebensphase hinter sich: Inmitten der Umzugsvorbereitungen in Deutschland bekam er einen Herzinfarkt. Trotzdem hat Gott ihm neue Kräfte gegeben, dass er weiterhin in seinem Auftrag tätig sein kann.

20 JAHRE

Als wir in Kapstadt ankamen, sahen wir am Meer schlimme Verwüstungen. Man erzählte uns, dass zwei Tage vorher ein Unwetter über Kapstadt gezogen sei und dabei sogar Schiffe gekentert seien. Wir waren von diesem Unwetter verschont worden und dankten Gott, dass alles vorüber war.

Wir waren sehr erstaunt, welche Entwicklung das Land nach dem Ende der Apartheid genommen hatte. Vieles hat sich seitdem verbessert, und die Kluft zwischen Schwarzen und Weißen ist geringer geworden. Trotzdem gibt es noch viele Slums und Townships, wo die Menschen in großer Armut in Blech- und Holzhütten leben. Der Staat hat zwar schon viel getan und versucht, die Slums nach und nach durch feste kleine Häuser zu ersetzen.

Um die Jahrhundertwende gab es dort einen gewaltigen Aufschwung durch die Goldgräberei, die heutzutage allerdings nicht mehr aktuell ist. Aber die großen Gebäude, Landsitze, Farmen usw. zeugen noch von dieser Epoche.

Ganz besonders aufregend war der Besuch des weltberühmten Tafelbergs bei Kapstadt. Mit einer modernen, in der Schweiz konstruierten Gondel, die sich während der Auffahrt einmal um ihre eigene Achse dreht, erreichten wir die Höhe des Berges. Von dort hatte man eine wunderbare Aussicht auf Kapstadt und die Umgebung. Charakteristisch für den Tafelberg sind die extrem steilen Wände und die flache Berghöhe. Dort kam es dann zu einer interessanten Begegnung: Wir sahen junge Leute, die Haken in eine Steilwand schlugen und sich zum Abseilen bereit machten. Ein echtes Abenteuer! Plötzlich stand eine Journalistin mit Mikrofon vor mir und fragte mich: „Was halten Sie denn von dieser Aktion? Würden Sie auch so etwas wagen?" Ich antwortete ihr: „Ich würde es nicht wagen, aber ich bewundere den Mut der jungen Leute; sie vertrauen der Festigkeit ihrer Seile." Dann fügte ich noch hinzu, dass ich persönlich jemanden hätte, dem ich hundertprozentig vertraue, nämlich Jesus Christus, mit dem ich schon sehr viele positive Erfahrungen gemacht hätte. Die junge Frau bedankte sich für das Gespräch und wandte sich dem nächsten Interviewpartner zu.

Wir reisten nicht nur mit dem Bus durch Südafrika, sondern fuhren auch mit einem nostalgischen Eisenbahnzug der so genannten Gartenroute entlang. Es war eine sehr eindrucksvolle Fahrt, die wir bis zur Endstation genossen haben. Die Strecke hatte viele Kurven, und jede Kurve bot Gelegenheit die Dampflok zu fotografieren. Später hörten wir, dass der Zug auf dem darauf folgenden Tag auf der Strecke entgleist sei. Wir waren mehr als erleichtert, dass wir die Fahrt unversehrt erlebt hatten und dankten Gott für seine schützende Begleitung.

Was wäre ein Besuch Südafrikas ohne den Krüger Nationalpark? Wir freuten uns, dass dieser Ausflug auf dem Programm stand und erlebten Gottes wunderbare Natur mit allen Tieren, die es dort zu sehen gab.

Unvergessen blieb uns der 11. September 2001, an dem uns unser Reiseleiter von dem schrecklichen Anschlag auf das World Trade Center in New York berichtete. Dieses Ereignis versetzte uns in Angst und Schrecken. Wir baten Gott ganz konkret um Bewahrung auf unserem Rückflug und legten unsere Sorge in seine Hände. Bei unserer Ankunft in Deutschland bedankten wir uns bei ihm für seine Bewahrung.

Dass ich den Kontinent Südamerika ganz besonders kennen und lieben lernen sollte, habe ich mir bei aller Reiselust nicht träumen lassen. Gottes Wege sind oft so wunderbar, dass man nur staunen kann.

Und das kam so: Meine Frau Christel war mit einer Gruppe unter Leitung von Willi Buchwald auf einer Studienreise durch Israel. Bei dieser Reisegruppe war auch der Evangelist Erich Würfel mit seiner Frau Celma aus Argentinien. Erich Würfel war zu diesem Zeitpunkt bereits Mitarbeiter vom Missionswerk Neues Leben. Gemeinsam mit Willi Buchwald hatte er schon Überlegungen angestellt, wie man die Missionsarbeit in Argentinien intensivieren und auf eine neue Basis stellen könne. Nach Beratungen mit Anton Schulte, dem Leiter des Missionswerks Neues Leben e.V., war man zu dem Entschluss gekommen, die Missionsarbeit in Südamerika auf eigene Füße zu stellen und einen gemeinnützigen Verein zu gründen. Da ich schon Erfahrungen bei der Neugründung von Neues Leben Ghana gesammelt hatte, gab meine Frau Erich Würfel den Tipp, doch einmal mit mir zu sprechen. Das tat er dann auch. Nachdem wir dann die Grundprinzipien zusammen mit Willi Buchwald besprochen hatten, fand im Juni 1990 die Vereinsgründung von Neues Leben Süd-Amerika e.V. statt, bei der ich zusammen mit Anton Schulte und Willi Buchwald in den Vorstand gewählt wurde.

Das neu gegründete Missionswerk verzeichnete einen guten Aufschwung. Vorher hatten Freunde bei einer Missionsreise mit Willi Buchwald durch Südamerika den Bau eines Kinderheimes angeregt, um Not leidenden Kindern helfen zu können. Durch eine Großspende konnte schon bald mit den Bauarbeiten begonnen werden. Die Arbeiten gingen zügig voran, und im Dezember 1991 sollte die Einweihung stattfinden. Wir organisierten wieder eine Südamerikareise unter Leitung von Willi Buchwald, bei der ich auch mitfuhr. Über Rio de Janeiro und Manaus im Urwald reisten wir von Brasilien nach Argentinien. Concordia, 450 Kilometer nördlich von Buenos Aires gelegen, hat ca. 160.000 Einwohner.

Reichtum und Armut sind hier, wie überall in Argentinien, ganz extrem nebeneinander zu finden.

Am 1.12.1991 fand die feierliche Einweihung des neu erbauten Kinderheimes in Concordia statt. Willi Buchwald hielt die Festansprache, und ich konnte ein Grußwort überbringen. Es war eine eindrucksvolle Feier, zu der über 800 Leute gekommen waren. Während unserer Reise besuchten wir mehrere Gemeinden, in denen wir von den Gemeindegliedern freudig begrüßt wurden. Buenos Aires, die Hauptstadt von Argentinien, wo über 10 Millionen Menschen leben, war die letzte Station unserer Reise. Von dort flogen wir mit vielen neu gewonnenen Eindrücken nach Deutschland zurück.

Eine weitere Südamerikareise wurde im Jahre 2001 von einem Freund angeregt, den ich bei der Südafrikareise kennen gelernt hatte. Im November 2002 flog ich dann mit 12 Teilnehmern über Rio de Janeiro nach Argentinien. Die Grundsteinlegung des geplanten Erweiterungsbaus im Kinderheim in Concordia war ein besonderer Anlass für diese Reise.

Wir reisten durch fünf Länder Südamerikas und lernten in erster Linie unsere Missionsarbeit vor Ort in Brasilien und Argentinien kennen. In Rio de Janeiro, der brasilianischen Metropole mit ca. 12 Millionen Einwohnern, empfing uns auf dem Flughafen der Rundfunkmissionar Ernesto Schluckebier. Wir besichtigten den Corcovado-Berg mit der Christusstatue, den Zuckerhut und viele weitere Sehenswürdigkeiten. Ein besonderes Erlebnis war die Begegnung mit Ernesto Schluckebier in seinem Tonstudio, wo er uns bei einem kleinen Imbiss die Entwicklung seiner evangelistischen Rundfunkarbeit erzählte. Er sagte, dass er über drei verschiedene Radiokanäle sende, sodass die christliche Botschaft im gesamten Großraum Rio de Janeiro gehört werden könne. In seinen Sendungen bietet er den Hörern, die sich für ein Leben mit Gott interessieren, einen Bibelfernkurs an. Diese Möglichkeit wird von vielen Hörern wahrgenommen und so hat sich eine sehr gute missionarische Arbeit entwickelt. Ernesto kann die Arbeit nicht alleine schaffen und hat noch Praktikanten und Mitarbeiter aus Brasilien und auch aus Deutschland beschäftigt.

Nach diesem Besuch fuhren wir zu einem Gottesdienst in eine Freikirchliche Gemeinde. Dort wurden wir sehr herzlich empfangen. Ich konnte ein Grußwort sagen und eine Kurzpredigt halten. Die Begegnung mit den südamerikanischen Christen hat mir gezeigt, dass wir trotz unterschiedlicher Nationalität und Mentalität eine gemeinsame Basis haben: den gelebten Glauben an unseren lebendigen Gott.

Nach einem Zwischenflug kamen wir zu den drittgrößten Wasserfällen der Welt am Iguazufluss. Und nach weiteren 900 Kilometern Busfahrt erreichten wir unsere Missionsstation in Concordia/Argentinien. Als wir das Gelände des Kinderheimes betraten, kamen uns die Heimkinder schon freudestrahlend entgegen gelaufen. Sie hatten sich riesig auf den Besuch aus Deutschland gefreut. Hier waren wir nun drei Tage zu Gast und konnten persönlich miterleben, wie die Kinder im Kinderheim leben, wie sie versorgt werden und sich dort wohl fühlen.

Da die Not in Argentinien sehr groß ist – die Zeitungen berichten, dass mehr als 40 Prozent der argentinischen Bevölkerung unter der Armutsgrenze lebt –, verstärkte Neues Leben Süd-Amerika e.V. seine Hilfsaktionen und plante einen Erweiterungsbau zum bestehenden Kinderheim. Während unseres Aufenthaltes wurde bei einem Festakt der erste Spatenstich für das neue Gebäude gemacht.

Im „Centro Evangelistico", unsere Missionsstation am Rande des Armenviertels in Concordia hat Neues Leben eine große Halle und einige Nebengebäude gebaut, in denen evangelistische Verkündigungen, Kinderstunden, Frauen- und Gebetsstunden durchgeführt werden. Für uns war es ein bewegendes Erlebnis, die Halle mit über 800 Kindern bis auf den letzten Platz gefüllt zu sehen. Alle Kinder, die keinen Platz in der Halle fanden, standen außen an den geöffneten Fenstern. Nach der Veranstaltung, die von vielen Liedern und Gebeten geprägt war, wurden belegte Brötchen, Milch und Kakao verteilt. Anschließend gingen die Kinder in kleinere Gruppen, um biblische Geschichten zu hören. Wir waren erstaunt, wie diszipliniert alles ablief. Die Kinder freuten sich riesig, umringten uns, wollten mit uns sprechen und auch in die Arme genommen werden. Später, als wir das Gelände verließen, haben uns noch viele nach gewunken.

Die evangelistische Veranstaltung für Erwachsene, die jeden Sonntag stattfindet, war ebenfalls gut besucht und die Halle bis auf den letzten Platz besetzt. Nach der Predigt von Erich Würfel konnte ich ein Grußwort sagen. Bei der Aufforderung, „wer Jesus lieb habe, möge einmal die Hand heben", gingen mehr als 500 Hände hoch. Das war ein bewegender Augenblick. Am Schluss der Veranstaltung fanden 25 Menschen zum Glauben und wollten ein neues Leben mit Jesus Christus beginnen. Wieder einmal war ich davon überzeugt, dass wir unsere Arbeit mit Gottes Hilfe und der Unterstützung der Freunde am richtigen Ort zur richtigen Zeit tun.

Nach einem kurzen Abstecher nach Uruguay setzten wir unsere Reise in Richtung Buenos Aires fort. Seit dem Bankencrash im Februar 2002 haben viele Banken geschlossen. Die Fensterscheiben waren mit Brettern und Blechtafeln vernagelt. Man hatte das Guthaben der Menschen eingefroren und die Auszahlung mit dem Hinweis verweigert, dass kein Geld mehr vorhanden sei. Dadurch ist die Armut und die damit verbundene Korruption und Kriminalität weiter gewachsen. Während unseres Aufenthaltes erlebten wir eine Demonstration, die sich vom Parlamentsgebäude zum Regierungspalast bewegte. Es verlief alles friedlich. Aber die Menschen wollten auf ihr Elend aufmerksam machen.

Nach einem Zwischenflug von Buenos Aires nach Neuquén fuhren wir mit dem Bus weiter nach Bariloche an den Anden. Am Nahuel-Huapi-See erlebten wir die wunderbare Schönheit der Andenberge, die sich schneebedeckt im See spiegelten. Dann ging es weiter Richtung Chile, zur Hauptstadt Santiago, wo über 6 Millionen Menschen leben. Chile ist das einzige Land Südamerikas, das nicht bankrott ist. Nach durchgreifenden Reformen funktioniert die Wirtschaft wieder, und es gibt auch einen so genannten Mittelstand, der jedoch mit dem europäischen Lebensstandard nicht zu vergleichen ist. Während unserer Stadtrundfahrt bestaunten wir die riesigen Gebäude aus der Gründerzeit, die noch aus der Herrschaft der Spanier stammen.

In Santiago trafen wir mit Pastor Jakobs zusammen, der dort eine Gemeinde mit über 800 Mitgliedern betreut. Schwerpunkt seiner Gemeindearbeit ist die Familienseelsorge; es werden Wochenendseminare angeboten, bei denen es darum geht, zerrüttete Ehen zu retten.

„In Chile ist die Demoralisierung sehr groß, und die Menschen brauchen ganz konkrete Lebenshilfe", so äußerte sich Pastor Jakobs.

Nach Besichtigung der ältesten chilenischen Hafenstadt Valparaiso begannen wir unseren Rückflug von Santiago über Sao Paulo nach Frankfurt. Nach 12 Stunden Flug kamen wir alle gesund in Frankfurt/Main an. Gott hatte seine Zusage aus Psalm 91,12 wahr gemacht: *„Er hat seinen Engeln befohlen, dass sie dich behüten auf allen deinen Wegen."* Dieses Psalmwort hatten wir als Leitwort für unsere Reise gewählt.

. . . .

Das klassische Urlaubsland Spanien mit seinen vielen Sonnenstunden im Jahr wurde von uns lange als Reiseziel „vernachlässigt". Aber nach den Reisen auf die Kanarischen Inseln, die ja zu Spanien gehören, überlegten wir, auch einmal das „Mutterland" zu besuchen. Ich sprach mit einigen langjährigen Reisefreunden darüber, die die Idee sehr begrüßten.

Eines Tages fand ich auf meinem Schreibtisch eine Reisebeschreibung Andalusiens – Roquetas de Mar in der Nähe von Almeria – von Pastor Steinbach. Ein Mitarbeiter von Neues Leben hatte mir die Information besorgt, obwohl er von unserem Vorhaben nichts wusste. Umgehend nahm ich Kontakt mit Pastor Steinbach auf, und wir vereinbarten einen Besprechungstermin. Er gab mir alle Infos und Adressen, die für eine Reisevorbereitung nach Spanien erforderlich waren.

In dem Gespräch mit Pastor Steinbach erfuhr ich, dass es in Roquetas de Mar eine Evangeliumsgemeinde gibt, die sich zum Ziel gesetzt hat, deutschen Spanienurlaubern das Wort Gottes weiter zu geben. Ihre Gemeinderäume stellen sie auch einer spanischen Gemeinde zur Verfügung, die dort Gottesdienste in ihrer Landessprache anbietet. Zuständig für die spanische Gemeinde, die sich noch in der Aufbauphase befand, war der spanische Missionar Antonio Gonzalez. Er hatte in Deutschland Theologie studiert und war von der deutschen Missionsgesellschaft VDM in sein Heimatland entsandt worden. Antonio Gonzalez hatte sich außerdem auf die Reiseleitung von deutschen Gruppen spezialisiert und war von daher der richtige Ansprechpartner für uns. Ich machte eine Vorreise, um das Hotel auszuwählen und das Ausflugsprogramm vorzubereiten. Ich traf mich in Roquetas de Mar mit Antonio Gonzalez. Er freute sich über unsere Reiseabsichten, und wir planten ein vielfältiges Ausflugsprogramm zu den wichtigsten Sehenswürdigkeiten in der Umgebung von Almeria. Auch den Besuch zu der Welt berühmten „Alhambra" nahmen wir in das Programm mit auf. Kurz vor Reisebeginn mit der Gruppe bekam ich eine E-Mail von Antonio, in dem er mir mitteilte, dass er unsere Gruppe vor Ort leider nicht begleiten könne, da er nach Deutschland müsse. Im ersten Moment war ich enttäuscht. Aber Gott hatte auch für diese Situation vorgesorgt. Antonio Gonzalez gab mir die Adresse von dem deutschen Missionar Herbert Ponganatz, der inzwischen ebenfalls von der VDM nach Spanien entsandt worden war. Antonio hatte ihn schon entsprechend informiert. Wir korrespondierten miteinander und vereinbarten eine Zusammenarbeit. Er war bereit, der Gruppe nicht nur Infos über die Missionsarbeit in Spanien zu geben, sondern auch einige Bibelarbeiten zu halten.

So erlebten wir dort eine sehr schöne Zeit, bei der wir das Motto „Erholung für Leib, Seele und Geist" verwirklichen konnten. Dr. Jürgen Heil, einer der Teilnehmer, hielt einen besonders interessanten Vortrag über das Thema „Die Arche Noah als alttestamentliches Beispiel für die Rettung durch Jesus Christus", der bei den Teilnehmern großen Anklang fand. Im Anschluss an das Referat stellte eine Teilnehmerin die Frage, wie lange wohl Noah an der Arche gebaut habe. Nach Berechnungen von Fachleuten und den Aufzeichnungen in 1. Mose 6 und 7 sowie weiteren plausibel erscheinenden Annahmen wird die Bauzeit mit ca. 120 Jahren angegeben. Alle Teilnehmer waren darüber sehr erstaunt.

· · · · · · · · · · · ·

Portugal, „das Land der süßen Orangen", wie es die einheimische Reiseführerin nannte, die uns auf der Reise begleitete, war unser nächstes Ziel. Wenn man an dieses Land denkt, kommen einem die großen Seefahrer und Entdecker aus Portugal in den Sinn. Es fallen einem Namen wie „Heinrich der Seefahrer" oder Vasco da Gama ein, die auf Grund ihrer Entdeckungen weltberühmt wurden. Durch das Gold und die Gewürze, die sie aus anderen Ländern mitbrachten, wurde Portugal damals reich. In vielen Ländern wurde Portugal Kolonialmacht, die aber auf Dauer nicht gehalten werden konnte. Heutzutage erinnern nur noch gigantische Denkmäler an die ruhmreiche Zeit.

Ausgangspunkt für unsere einwöchige Rundreise war Faro, die Stadt am Meer mit einem Hafen und schönen Parks sowie der doppeltürmigen Barockkirche. Durch den „Arco da Vila", dem

Wahrzeichen von Faro, gelangt man in den sehenswürdigen historischen Stadtkern. Auffallend schön sind dort die Gassen, die mit Mosaiksteinen gepflastert sind.

Zwei besondere Erlebnisse der Reise möchte ich herausheben. Das erste Erlebnis hatten wir in der Landeshauptstadt Lissabon, die ca. 1 Million Einwohner hat. Dreh- und Angelpunkt des modernen Lissabons ist der Pombal-Platz, an den sich im Norden die schönen Anlagen des Parque Eduardo VII anschließen. Von der dortigen Aussichtsterrasse streift der Blick über die portugiesische Metropole. Auch die Altstadt hat ihre Reize. Die Höhenunterschiede zwischen der Unterstadt und der alten Oberstadt werden mit historischen Aufzügen, wie zum Beispiel dem Santa-Justa-Aufzug (Baujahr 1898) und ehrwürdig alten Straßenbahnen überwunden. Berühmt ist hier die Linie Nr. 28. Die Fremdenführerin empfahl unserer Reisegruppe eine solche Fahrt einmal mitzumachen. Einige folgten ihrem Tipp und fuhren mit dieser Bahn. Leider verlief die Fahrt für drei Teilnehmer höchst unerfreulich: Die Bahn war so voll, dass sie dicht gedrängt im Gang stehen mussten und nicht merkten, dass sie von Taschendieben beraubt wurden. Geld und Papiere waren weg! Ich hatte mich mit drei Ehepaaren zusammengetan, und wir hatten auch vor, mit der Linie 28 zu fahren. Unterwegs fragten wir mehrmals nach der Haltestelle dieser Linie. Zuletzt wies uns ein Mann in eine bestimmte Richtung, die sich jedoch als falsch herausstellte. Wir waren frustriert und gaben die Suche nach der Haltestelle der Linie Nr. 28 auf. Wir entschlossen uns zu einem Bummel durch die Fußgängerzone. Später berichteten mir die drei Teilnehmer von ihren negativen Erfahrungen in der Linie Nr. 28. Ich hatte die Reisekasse mit 1000 Euro bei mir! Mir wurde heiß und kalt bei dem Gedanken, dass ich bei einer Fahrt mit der Straßenbahn möglicherweise auch bestohlen worden wäre.
Manchmal benutzt Gott so genannte „falsche Wegweiser", um uns vor bestimmten Situationen zu bewahren oder gibt uns „Eingebungen", die unter Umständen nicht rational nachvollziehbar sind.

Das zweite eindrückliche Erlebnis spielte sich in dem Wallfahrtsort Fatima ab. Hier soll am 13. Mai 1917 und am 13. jeden Monats bis zum Oktober 1917 den drei Hirtenkinder Lucia de Jesus, Francisco und Jacinta Marto die „Mutter Gottes vom Rosenkreuz" erschienen sein. Bei der letzten Erscheinung am 13.10.1917 kamen über 70.000 Menschen nach Fatima. Drei „Offenbarungen" soll es gegeben haben. Außerdem soll es zu wundersamen Heilungen gekommen sein. Die Katholische Kirche erkannte den Madonnenkult von Fatima 1930 offiziell an. Seitdem ist es ein Wallfahrtsort mit einer Basilika, der Erscheinungskapelle und einem großen Versammlungsplatz. Den Platz kennzeichnet eine 400 Meter lange und ein Meter breite „Rutschbahn", auf der die Menschen bis zur Erscheinungskapelle auf Knien rutschen. Sie wollen damit ein Gott wohlgefälliges Opfer bringen und Buße tun. Beim Anblick dieses Zeremoniells dachte ich daran, dass es keine Stelle in der Bibel gibt, in der Gott solche Selbstkasteiungen von Menschen verlangt. Wir sollen vielmehr eine Hinwendung zu Gott im Gebet vollziehen und unsere Sünden bekennen (1. Johannes 1,9). Wir können Vergebung der Schuld durch Leistungen unsererseits nicht bekommen. Für unsere Schuld ist Jesus am Kreuz von Golgatha gestorben. Die Vergebung unserer Schuld ist ein Geschenk von Gott, das wir annehmen sollten.

. . . .

Rückblickend kann ich nur sagen, dass jede Reise eine Bereicherung für mich war. Fremde Länder, Kulturen und Menschen kennen zu lernen, lässt über den eigenen Tellerrand blicken und erweitert den Horizont. Ich bin dankbar für jede Erfahrung und Führung Gottes, die ich während meiner Reisetätigkeit erleben durfte, und ich hoffe, noch viele interessante Reisen machen zu können.

Eigene Notizen

30 Jahre Christsein

Nach der Entscheidung für Jesus
Christus bekam mein Leben eine
völlig neue Dimension

„Ich bin ein anständiger Mensch. Christlich erzogen, getauft und
konfirmiert, gehe regelmäßig in die Kirche und in den CVJM."
Ich dachte, dass damit alles in Ordnung sei. Doch ich musste feststellen, dass Gott die Dinge anders sieht. Er versuchte, auf verschiedene Art und Weise mit mir zu reden. 1974 hatte ich einen
sehr schweren Verkehrsunfall, bei dem ich mich mit meinem
PKW auf einer 20 Meter hohen Böschung mehrmals überschlug.
Das Auto hatte Totalschaden, während ich völlig unverletzt
ausstieg. Mir war zwar klar, dass der Unfall auch tödlich hätte
ausgehen können, und ich war mir sicher, dass Gott mich bewahrt
hatte, aber ich wollte mich nicht näher damit auseinandersetzen
und verdrängte das Erlebnis. Aus meiner Sicht schien mir ein
Überdenken meiner geistlichen Einstellung nicht notwendig zu
sein. Doch das sollte sich ändern, als ein neuer Prediger in unsere
Gemeinde kam. Seine Predigten rüttelten mich wach. Er sprach
über den Heiligen Geist und über Heilsgewissheit – Begriffe,
mit denen ich wenig anfangen konnte. Aber ich begann, darüber
nachzudenken und meine Beziehung zu Gott zu hinterfragen.
Kurz darauf nahm ich an einer christlichen Wochenendfreizeit
teil; dort wurde mir schlagartig bewusst, dass meine Beziehung
zu Gott nicht in Ordnung war. Ich war zwar dem Namen nach
Christ, aber mein Glaube hatte keine sichtbaren Auswirkungen in
meinem Leben. Ich hatte bisher keine bewusste Entscheidung für
den Glauben an Jesus Christus getroffen. Deshalb hatte ich weder
den Heiligen Geist noch Heilsgewissheit. Dann betete ich zu Gott
und öffnete ihm mein Herz. Ich bekannte ihm meine Schuld und
verspürte den tiefen und aufrichtigen Wunsch, mein Leben neu zu

ordnen. Veranlassung dazu war der Bibelvers aus 1. Johannes 1,9:
„Wenn wir aber unsere Sünden bekennen, ist er treu und gerecht und vergibt unsere Sünden und macht uns rein von aller Ungerechtigkeit."

Bei einer Zeltmission mit Anton Schulte betete ich im Herzen mit, was er vorsprach: **„Herr Jesus, hiermit übergebe ich dir die Führung meines Lebens. Ich danke dir, dass du für mich persönlich gestorben bist und meine Schuld weggenommen hast. Ich nehme die Erlösung an und danke dir, dass ich ab jetzt dein Kind bin."**
Nach dieser Entscheidung für Jesus Christus bekam mein Leben eine völlig neue Dimension. Da erst verstand ich meinen Konfirmationsspruch aus 1. Korinther 1,18:
„Das Wort vom Kreuz ist eine Torheit denen, die verloren werden, uns aber, die wir selig werden, ist es eine Gotteskraft."
Mir wurde klar, dass die Gewissheit des Heils keine Anmaßung, sondern ein Geschenk Gottes ist. Ich las viel in der Bibel und beschäftigte mich intensiv mit Fragen des Glaubens. Während meiner Bibellese machte Gott mir deutlich, dass die Gewissheit der Errettung (ewiges Leben bei Gott) keine Gefühlssache ist, sondern im vollen Vertrauen auf die Zusagen der Bibel begründet liegt:
„Nun gibt es keine Verdammnis mehr für, die in Christus Jesus sind", (Römer 8,1) und *„Und es wird geschehen, jeder, der den Namen des Herrn anrufen wird, wird errettet werden"* (Apostelgeschichte 2,21).
Ich begann erstmals nach Gottes Willen in meinem Leben zu fragen. Ich hörte auf, mich ausschließlich um mich selbst zu drehen und meine eigenen Wünsche als höchsten Maßstab zu betrachten. Ich begann mein Leben auf Gott auszurichten. Ich kam zu der Überzeugung, dass Gott besser weiß, was gut für mich ist und im Vertrauen darauf, ließ ich mein Denken und Handeln von ihm bestimmen. Durch die Bibel sprach Gott persönlich mit mir, und so bekam mein Leben eine neue Ausrichtung. Ich hatte nicht nur die Versöhnung angenommen, sondern Jesus Christus die Herrschaft über mein Leben übergeben.
Meine innere Veränderung wurde auch nach außen sichtbar.

Plötzlich konnte ich an meinem Arbeitsplatz oder beim Zusammensein mit Freunden Gespräche über Gott und meinen Glauben führen. Ich hatte den tiefen Wunsch, anderen von meiner Umkehr zu erzählen. Auch meine Zielvorstellungen änderten sich: Sie orientierten sich nicht mehr primär an materiellen Werten, sondern bekamen eine geistig-seelische Ausrichtung. Mein Leitspruch wurde Philipper 4,4: *„Freuet euch in dem Herrn alle Wege, und abermals sage ich freuet euch."*

Mit meinem neuen Lebensstil hatte ich nicht nur Gemeinschaft mit Gott gefunden, sondern auch Gemeinschaft mit anderen Christen, mit denen ich mich austauschen konnte. Dabei kam es mir nicht auf die Konfession an, sondern auf die Einigkeit in Bezug auf die Aussagen der Bibel. Ich stellte fest, dass das, was Christen miteinander verbindet nicht die Konfession, sondern der Glaube an Jesus Christus und an seine Maßstäbe für unser Leben ist.

Meine neue Denkweise machte sich unter anderem auch dadurch bemerkbar, dass ich in mir den Wunsch verspürte, bei der Ausbreitung des Evangeliums von Jesus Christus aktiv mitzuwirken. So gab ich meine Vorstandstätigkeit im Reiterverein auf und setzte mich mehr für die Arbeit des CVJM ein. Es kam zu einer Aktivierung der Missionsarbeit innerhalb des CVJM. Zusammen mit einem anderen Ehepaar gründeten wir auch einen Hauskreis mit der Zielsetzung, Menschen, die sich von der Kirche distanziert hatten, anzusprechen und mit ihnen gemeinsam den Glauben neu zu entdecken. Eine solche Initiative gab es in unserem Dorf vorher nicht. Die Idee entwickelte sich gut, sodass im Laufe der Zeit nicht nur ein Hauskreis, sondern mehrere Kreise entstanden. Es kamen sowohl Menschen zum Glauben, die bisher mit Gott nichts zu tun hatten als auch Menschen, die man als „gute Kirchenchristen" bezeichnete.

An einem Sonntagabend fuhren meine Frau und ich nach Herborn zu einem Vortrag des bekannten amerikanischen Buchautors Hall Lindsey. Ich hatte noch einen Freund eingeladen, der auch Interesse an dem Vortrag hatte. Nach dem Referat saßen wir noch lange im Auto und unterhielten uns über das Gehörte. Hall Lindsey lud zu einer bewussten Glaubensentscheidung für Jesus Christus ein. Ich merkte, dass mein Freund angesprochen war. Ich fragte ihn im Laufe des Gespräches, ob er heute Abend diese Entscheidung treffen wolle. Offensichtlich hatte er auf diese Frage gewartet. Er sagte ganz spontan „Ja", und wir beteten dann zusammen. So vertraute er in meinem Auto sein Leben Gott an. Voller Freude erzählte er seinen Freunden von seinem Kurswechsel. Nicht jeder reagierte positiv auf die Nachricht seiner Veränderung. Einer seiner Bekannten versuchte ihn sogar von seinem eingeschlagenen Weg abzubringen, indem er ihn davor warnte, bloß nicht zu fromm zu werden und doch „auf dem Teppich" zu bleiben. Aber mein Freund ließ sich nicht beirren. Er blieb bei seiner Entscheidung.

Während meines Bibelstudiums las ich in der Apostelgeschichte, dass die Menschen nach dem Hören des Evangeliums zum Glauben kamen und sich taufen ließen. Meiner Frau und mir wurde bewusst, wie wichtig dieser Schritt des äußeren Glaubensbekenntnisses ist, und wir ließen uns daraufhin in einer Baptistengemeinde in Wetzlar taufen. Kurz danach merkte ich, dass Gott mir seit meiner Bekehrung ein Herz für die Mission geschenkt hatte. Und das hatte zur Folge, dass ich mich einer Gruppe von Christen anschloss, die sich einmal pro Woche auf dem Marktplatz in Wetzlar versammelte. Es wurden Kurzansprachen gehalten, Traktate verteilt und Lieder gesungen. Das war mir zunächst völlig fremd, und es fiel mir nicht gerade leicht, in der Öffentlichkeit von Gott zu reden. Es war ungewohnt, und ich musste eine innere Hemmschwelle überwinden. Vor allem, weil ich in Wetzlar viele Leute kannte und mir dieser Gedanke schon ein flaues Gefühl in der Magengegend verursachte. Doch im Laufe der Zeit verließ mich dieses Unbehagen, und Gott gab mir die Freiheit und Freude, ungezwungen in der Öffentlichkeit zu reden. Ich hatte viele intensive Gespräche mit Menschen, die auf der Suche nach einem Sinn im Leben waren und sich für den Glauben interessierten. Es machte mich sehr froh, anderen von Gott erzählen zu können.

Überraschend bekam ich dann von dem Prediger der örtlichen landeskirchlichen Gemeinschaft eine neue Aufgabe. Er berief mich als Laienprediger im Wetzlarer Raum in verschiedenen Gemeinden Dienst zu tun. Dieser Dienst bestand darin, einen Bibeltext zu lesen und ihn dann auszulegen. Ich schrieb Wort für Wort auf. Auf diese Weise setzte ich mich mehr und mehr mit der Bibel auseinander und lernte dabei auch für mich persönlich sehr viel Neues. Ich predigte gerne, und Gott erfüllte mich mit tiefer Freude und Dankbarkeit darüber.

Da ich bei dem überkonfessionellen Missionswerk „Neues Leben" zum Glauben gekommen war, interessierte mich auch dessen Arbeit. Das Werk veranstalte Freundestreffen im Westerwald, bei denen man mehr über die Missionsarbeit erfahren konnte. Ich besuchte eines dieser Treffen und war sehr beeindruckt von dem, was ich dort hörte. In meinem Freundeskreis ließ ich anklingen, dass ich, wenn der Evangelist Anton Schulte mich fragen würde, ob ich bei ihm mitarbeiten wolle, nicht nein sagen würde. Konkreteres zeichnete sich damals jedoch noch nicht ab.

Seitdem ich mein Leben mit Gott lebe, wurde ich noch nie von ihm enttäuscht. Und das sind inzwischen immerhin 30 Jahre! Natürlich habe ich nicht nur Höhen erlebt; es gab auch Tiefen, die von Krankheit und Leid geprägt waren. Aber gerade in diesen Zeiten habe ich Gottes Liebe und seinen Beistand ganz besonders erfahren. Auch beruflich gab es so manche Schwierigkeit und Belastung. In vielen Lebenssituationen musste ich mich bewähren, konnte aber Gottes Hilfe in Anspruch nehmen. Gerade dann, wenn ich spürte, dass ich mit meiner eigenen Kraft am Ende war und kein Licht am Ende des Tunnels sah. So war ich beispielsweise auf Grund einer schwierigen beruflichen Situation körperlich und nervlich so am Ende, dass ich dachte, diesen Stress nicht durchhalten zu können. Aber gerade in dieser Zeit schickte Gott einen Mann in mein Leben, der mir entscheidende Hilfen gab. Manchmal bedient sich Gott anderer Menschen, um uns aus Krisen heraus zu holen. Man muss nur bereit sein, eigene festgefahrene Standpunkte zu überdenken und gegebenenfalls eine Umorientierung vorzunehmen. Gott hat mich nie hängen lassen, und ich habe im Laufe der Jahre viele Gebetserhörungen erlebt. Auch wenn nicht immer alles so gekommen ist, wie ich es mir vorgestellt habe. Denn Gott gibt uns nicht immer das, was wir uns wünschen. Aber er gibt uns immer das Beste. Das ist meine Erfahrung. Oft muss man Dinge loslassen, auch, oder gerade wenn sie einem „heilig" geworden sind.

Ich habe es noch nie bereut, dass ich mich für ein Leben mit Gott entschieden habe. Im Gegenteil: Ich kann und will mir ein Leben ohne Gott überhaupt nicht mehr vorstellen!

Nach meiner Erfahrung ist Christsein eine lohnende Sache. Anton Schulte warb für seine Zeltmissionen mit dem Slogan: „Es lohnt sich mit Jesus". Heute weiß ich, dass das stimmt.

Christ werden ist eine Sache, aber als Christ leben und mit Gott Erfahrungen machen ist eine andere. Beides gehört jedoch zusammen. Im Grunde stellt sich ja ein Christ gegen die Meinung der Masse. Der Christ glaubt an Gott als seinen Schöpfer und an Jesus Christus als seinen Erlöser sowie an ein ewiges Leben nach dem Tod. Mit dieser Glaubensauffassung gehört er eindeutig einer Minderheit an. Aber: „Lebendige Fische schwimmen gegen den Strom"!

Ungläubige Menschen glauben in der Regel an den so genannten Urknall und an die nicht bewiesene Evolutionstheorie. Sie sind der Meinung, dass nach dem Tod alles aus sei. Aber in Hebräer 9,27 lesen wir: *Jeder von uns, jeder Mensch muss einmal sterben und kommt danach vor Gottes Gericht"*.

Als Christ muss man sich in einer von Unglauben geprägten Welt bewähren. Und Gott möchte, dass wir als seine Zeugen unsere Erfahrungen anderen Menschen weiter sagen. Bevor Jesus in den

Himmel auffuhr, sagte er seinen Jüngern:

„Ihr werdet den Heiligen Geist empfangen und durch seine Kraft meine Zeugen sein in Jerusalem und Judäa, in Samarien und auf der ganzen Erde" (Apostelgeschichte 1,8).

Dieser Missionsbefehl galt und gilt nicht nur einer kleinen Jüngerschar, sondern allen Christen. Der bekannte amerikanischer Evangelist Billy Graham formulierte es einmal so: „Der Missionsbefehl gilt jedem Christen in jeder nur denkbaren Form". Die Form kann für den einzelnen Christen unterschiedlich sein. Gott wird es jedem Christen deutlich machen, wie und wo er Zeuge für ihn sein soll. Mir hat er es auch gezeigt. Ich bin sehr froh über den Weg, den er mich geführt hat.

So hat er mich nicht nur hauptberuflich in die Mission berufen, sondern ich konnte auch als ehrenamtlicher Schriftführer in der Evangelischen Allianz in Altenkirchen/Ww. über 20 Jahre mitarbeiten. Die Evangelische Allianz ist eine Körperschaft des öffentlichen Rechts und ein Zusammenschluss von Christen aus Landeskirchen, Freikirchen, Gemeinschaften und freien Werken. Das Anliegen der Evangelischen Allianz Altenkirchen ist es, die Gute Nachricht von Jesus Christus bekannt zu machen.

Darüber hinaus konnte ich mich in der Evangelisch Freikirchlichen Gemeinde Wölmersen als Hauskreisleiter und gelegentlich als Gottesdienstmoderator einbringen. Alle diese Aufgaben bringen mir viel Freude, und ich bin Gott dankbar, dass ich einen Sinn in meinem Leben gefunden habe und als sein Zeuge bekennen kann, dass Jesus neues Leben schenkt.

Eigene Notizen

40 Jahre Ehe

Die Ehe ist für mich kein
jederzeit kündbarer Vertrag,
sondern ein Bündnis für immer

Eheschließungen sind in unserer Zeit eher unmodern geworden – obwohl laut Umfragen, junge Leute wieder zur Ehe tendieren. In einer Statistik las ich, dass jede dritte Ehe geschieden würde. Und dieser Trend macht auch vor christlichen Ehen nicht halt. Viele leben ohne Eheschließung zusammen und wechseln nach Belieben den Partner. Sie möchten sich nicht festlegen, haben Angst sich zu binden und wollen keine rechtliche Verantwortung für den Partner übernehmen. „Lebensabschnittspartner" käme für mich als Unwort des Jahres in Betracht.

Ich bin stolz darauf, seit über 40 Jahren glücklich verheiratet zu sein. Meine Frau und ich haben im Laufe unserer Ehe niemals daran gedacht, uns zu trennen. Wir lieben uns und sind darum bemüht, unsere Ehe nach biblischen Prinzipien zu gestalten. Auch wenn wir Meinungsverschiedenheiten und Konflikte hatten, sind wir immer wieder aufeinander zugegangen und haben miteinander geredet. Wichtig dabei ist, die Andersartigkeit des Partners zu akzeptieren und Verständnis füreinander aufzubringen. In keiner Ehe gibt es nur eitlen Sonnenschein, sondern auch schwierige Zeiten, in denen man so genannte Beziehungsarbeit leisten muss, damit man sich nicht voneinander entfernt. In der Zeitung „Die Welt" las ich in einem Aufsatz von Elmar Krekeler mit der Überschrift „Was ewig währt" folgende Sätze: **„Entgegen aller Literaturmeinungen ist Liebe möglich. Sogar ein Leben lang. Man sollte allerdings zur Selbstbeobachtung fähig sein und muss sich an ein paar Regeln halten."** Dieser Meinung schließe ich mich an, denn die Ehe ist für mich kein jederzeit kündbarer Vertrag, sondern ein Bündnis für immer. Gottes Gebote sind und bleiben für immer gültig. Auch das Gebot „Du sollst nicht ehebrechen". Und Gott hat auf die Ehe eine besondere Verheißung gelegt.

Gottes Führung vertrauen? Auch im Hinblick auf Ehepartner und Familie? Ja, ich bin Gott dankbar für die Wege, die er mich geführt hat. Christel und ich lernten uns schon früh kennen. Wir wohnten im selben Ort, hatten als Jugendliche bzw. junge Erwachsene einen gemeinsamen Bekanntenkreis, besuchten die Jugendstunde und den Vorbereitungskreis des Kindergottesdienstes. Man traf sich zu Geburtstagsfeiern, Silvester und sonstigen Anlässen. Bei den Aktivitäten des Jugendkreises kamen Christel und ich uns näher. Wir waren einander sympathisch und der Kontakt vertiefte sich. Ans Heiraten dachte ich so früh jedoch noch nicht. Ich war 20 Jahre „jung" und noch nicht im „heiratsfähigen Alter", wie es damals hieß. Also, ernst wurde es erst einige Jahre später. Ich war gerade 25 Jahre geworden, als ich Christel an einem Samstagabend zum Essen einlud. Sie sagte zu. Es war ein wunderschöner Abend und der Beginn unserer Beziehung.

Nach dem Motto „Drum prüfe wer sich ewig bindet" hatten wir ein Jahr Verlobungszeit eingeplant. Während dieser Zeit wurde uns auch klar, dass wir zusammen bleiben wollten und waren uns sicher, dass wir einander lieben und füreinander bestimmt sind. Im Sommer 1963 feierten wir unsere Hochzeit im Hause meiner Schwiegereltern. Es war ein wunderbarer Tag, der immer in meiner Erinnerung bleiben wird. Wir erhielten bei der kirchlichen Trauung den Trauspruch:

„Trachtet am ersten nach dem Reich Gottes, so wird euch alles andere zufallen" (Matthäus 6,33).

Am Anfang unserer Ehe befolgten wir diesen Bibelvers nicht. Er ging irgendwie im Alltagsleben unter. Berufliche Karriere, materialistisches Denken, Hausbau etc. standen im Vordergrund. Erst einige Jahre später ging uns ein „Licht" auf.

Unsere Hochzeitsreise verbrachten wir in Südtirol und genossen unsere Flitterwochen. Wir machten lange Wanderungen in der freien Natur, redeten stundenlang miteinander und ließen es uns gut gehen. Wir waren verliebt und glücklich. Bei einer unserer Wanderungen wurden wir von einem Gewitter überrascht. In dem Moment hatte ich zum ersten Mal das Gefühl, meine Frau beschützen zu können. Wir haben sehr intensive Tage in Südtirol verbracht, und ich denke noch immer sehr gerne an unsere Hochzeitsreise zurück.

„Familienplanung" im heutigen Sinne war uns fremd. Es war vielmehr so, dass wir so bald wie möglich ein Kind wollten. Christel flüsterte mir diesen Wunsch eines abends ins Ohr, und ich freute mich darüber.

Als sich unser Wunschkind schon bald darauf ankündigte, waren wir beide glücklich darüber. Gott schenkte uns im August 1964 unser erstes Kind. Wir gaben ihr den Namen Christine. Nach dem Namen der Großmutter von Christel, die sie sehr schätzte. Nun waren wir also zu Dritt. Der Wohnraum reichte nicht mehr aus, und wir planten einen Anbau. Vorausschauend wie wir waren, wurden gleich zwei Kinderzimmer eingezeichnet. Gut so, wie sich bald herausstellen sollte. Denn im Mai 1966 kam unser zweites Kind Katharina zur Welt. Die beiden waren zeitlich nur knapp zwei Jahre auseinander, und wir hatten sehr viel Freude mit ihnen. Bevor Christine und Katharina zur Schule gingen, fuhren wir jedes Jahr gemeinsam in Urlaub. Wir mieteten meistens ein Ferienhaus in Dänemark oder in Italien. Es waren immer schöne Wochen, die wir zusammen am Meer verbrachten – wenn man mal von den anstrengenden Autofahrten zum Urlaubsort absieht.

Die Bibel sagt, dass Kinder eine Gabe Gottes sind. Auch wenn Erziehung sehr viel Kraft kostet und nicht immer alles so läuft, wie man es gerne hätte, so bringen Kinder sehr viel Farbe ins Leben. Unsere Kinder wuchsen auf dem Land auf, in einem Dorf in der Nähe von Gießen, bevor wir 1978 in den Westerwald umzogen, wo Gott mir eine neue Aufgabe als Büroleiter im Missionswerk Neues Leben gab. Unsere Töchter machten ihr Abitur in Altenkirchen. Beide gingen anschließend nach Köln. Christine begann ein

Germanistikstudium und Katharina machte eine Ausbildung als Krankenschwester.

Wir haben unsere Töchter nach christlichen Maßstäben erzogen. Sie besuchten mit uns den Gottesdienst, gingen in die Jungschar und später zur Jugendstunde. Beide haben in jungen Jahren eine Entscheidung für Jesus Christus getroffen und darüber waren meine Frau und ich sehr froh. Doch als Christine nach Köln zog, entfernte sie sich immer mehr von ihrem Glauben und ging eigene Wege. Dabei machte sie bittere Erfahrungen. Wir haben 20 Jahre lang dafür gebetet, dass sie wieder zu Gott findet. Und Gott hat unsere Gebete erhört! An dieser Stelle möchte ich einen Artikel von meiner Tochter einfügen, der im Magazin Neues Leben veröffentlicht wurde:

Durststrecke – Mein Weg aus der Abhängigkeit

„Blicke ich auf mein bisheriges Leben zurück, kann ich nur staunen, wie Gottes Liebe mich nicht los gelassen hat. Obwohl ich in einer geordneten, vom christlichen Glauben geprägten familiären Umgebung aufgewachsen bin, ging ich Wege, die mich von mir selbst und meinem Glauben entfernten. Schon früh rebellierte ich gegen jegliche Form von Autorität, Anpassung und Unterordnung. Ich fühlte mich in meinem Elternhaus eingeengt, bevormundet und missverstanden. Die freikirchliche Gemeinde, die ich regelmäßig besuchte, empfand ich zunehmend als dogmatisch, Ge- und Verbote waren mir ein Dorn im Auge. Ich lebte nach dem Motto: „Grenzen sind dazu da, dass man sie überschreitet." Ich wollte mich nicht in irgendeine Form pressen lassen, sondern meinen eigenen Lebensstil finden. Zu der Zeit fingen meine ersten Kontakte mit dem Alkohol an. Ich trank am Wochenende auf Feten und in der Disco, und ich kann mich daran erinnern, dass ich schon damals sehr schnell sehr viel trank, d.h., wenn ich trank, führte das meistens auch zum Betrunkensein. Es gibt auch Erinnerungsbilder, in denen ich heimlich alleine in meinem Zimmer Wein getrunken habe, dazu melancholische Musik gehört und meine Gedanken und Gefühle in Form von Tagebuchaufzeichnungen zu Papier gebracht habe. Meine Leidenschaft galt dem Lesen; ich verschlang Hunderte von Büchern, lebte in der Welt der Literatur und war unzufrieden mit meinem eigenen begrenzten Dasein, dem ich mit Hilfe des Alkohols wenigstens zeitweise zu entkommen versuchte. Als ich 1983 zum Germanistikstudium nach Köln zog, war ich unendlich erleichtert darüber, der Enge meines Elternhauses entfliehen zu können. Mit meinem Auszug und dem Beginn meiner Unabhängigkeit, die ich mit Freiheit gleichsetzte, nahm dann auch meine so genannte Suchtkarriere ihren Lauf. Aus dem unregelmäßigen Alkoholkonsum am Wochenende wurde langsam aber sicher ein regelmäßiges Trinken. Gründe bzw. Anlässe gab es genug: Ich trank, weil ich der Meinung war, ich sei ein Genussmensch, ich trank aus Geselligkeit und aus Einsamkeit; ich trank, wenn ich glücklich war und wenn ich Sorgen hatte… Das Trinken wurde zum „Selbstläufer". Immer auf der Suche nach dem „Kick", schlitterte ich mehr und mehr in die Abhängigkeit von der Flasche. Trinken gehörte zu meinem Alltag, war ein Teil meines Lebens. Ich ahnte jedoch schon damals, dass mein Trinkverhalten irgendwie nicht normal war – es hatte etwas zwanghaftes, etwas, was ich willentlich nicht steuern konnte. Denn wenn ich das erste Glas trank, folgten darauf unweigerlich auch die nächsten Gläser.

1993 hatte ich einen schweren Motorradunfall, ich lag monatelang im Krankenhaus, saß im Rollstuhl und musste anschließend wieder laufen lernen. Während dieser Zeit hat sich mein Trinken verstärkt, bedingt durch meine Bewegungsunfähigkeit, die Schmerzen und die Krankenhausinternierung war ich unglücklich und trank, um zu vergessen. Als ich nach ungefähr 7 Monaten wieder in meiner Wohnung war, stellte ich fest, dass ich ohne Alkohol nicht mehr einschlafen konnte. Ich hatte Entzugserscheinungen wie Zittern, Schweißausbrüche, Nervosität etc.

Mein psychischer Zustand war so schlecht, dass ich beschloss, einen Psychiater aufzusuchen. Der gab mir unmissverständlich zu verstehen, dass ich ein Alkoholproblem hätte und riet mir, eine Psychotherapie zu machen. Jetzt hatte das Kind also einen Namen! Ich beschloss, nur noch alkoholfreies Bier zu trinken, aber nach einigen Wochen dachte ich mir: „Ach, so schlimm kann es doch nicht sein, wenn ich hin und wieder ein bisschen zu besonderen Anlässen und Gegebenheiten trinke." Leider musste ich feststellen, dass das nicht funktionierte. Ich trank immer wieder hemmungslos und unkontrolliert. Irgendwann wusste ich mir nicht mehr selbst zu helfen – ich machte meine erste stationäre Entgiftung.

„Ich bin Christine, Alkoholikerin..." als ich diesen Satz 1994 zum ersten Mal in einem Meeting der Anonymen Alkoholiker aussprach, kamen mir die Worte nur zögernd und widerstrebend über die Lippen. Ich wusste, dass es die Wahrheit ist, aber das Bekenntnis kam für mich einer Niederlage gleich. Alles in mir sträubte sich dagegen, als Alkoholikerin abgestempelt zu werden, in eine Schublade gesteckt zu werden, aus der ich vielleicht nie wieder heraus kam. Ich hatte Angst, fühlte mich aber gleichzeitig richtig bei den Anonymen Alkoholikern, denn dass, was sie aus ihrem Leben erzählten, kannte ich auch. Plötzlich hatte ich das Gefühl, verstanden zu werden – ich musste mich nicht mehr verstellen. Trotzdem war ich darum bemüht, mein Gesicht zu wahren.

Ich ging regelmäßig zu den AA-Meetings und begann eine Gesprächstherapie. Es ging mir besser, und ich war davon überzeugt, auf dem richtigen Weg zu sein. Nach sechs Monaten hatte ich dann einen Rückfall, den ich mir schön zu reden versuchte. Es blieb nicht bei diesem einen Mal. Ich gelangte zu der Überzeugung, vielleicht ja doch kontrolliert trinken zu können – schließlich hatte ich mir ja selbst bewiesen, dass ich durchaus abstinent leben konnte! Das Spiel ging von vorne los, ich fing genau da an, wo ich aufgehört hatte.

1995 wurde ich unerwartet schwanger und mit der Geburt meines Sohnes begann eine neue Phase in meinem Leben. Aber mein Alkoholproblem verschwand damit nicht. Ich trank zwar nicht exzessiv, aber regelmäßig und daran sollte sich auch in den folgenden Jahren nichts ändern. Ich denke, dass die Verleugnung die Alkoholkrankheit ausmacht. Das Verleugnen sorgt dafür, dass man gefangen bleibt, nicht raus kommt aus dem Schlamassel. Indem ich Zuflucht zum Trinken nahm, ging ich Konflikten aus dem Weg. Ich habe nach der Gleichung gelebt: Unbehagen + Alkohol = kein Unbehagen.

Als mein Sohn knapp 8 Monate alt war, lernte ich meinen derzeitigen Lebenspartner kennen, und mit ihm begann eine schöne, aber auch schwierige Beziehung. Sobald sich emotionale Probleme auch nur andeuteten, forderten mich sämtliche inneren Triebkräfte dazu auf, zur Flasche zu greifen, und damit waren diese Augenblicke verloren. Sie wurden einfach mit dem Alkohol weggespült. Es gab viele Hochs und Tiefs, wir haben uns mehrmals getrennt, um dann doch wieder zusammen zu finden. Ich war es gewohnt, in ständiger Verwirrung zu leben. Doch immer wieder beschlich mich die Frage: „Wozu das alles? Wohin führt mich mein Leben? Was hat letztendlich Sinn und Bestand?" Manchmal betete ich; wenn es mir schlecht ging, flehte ich Gott an, mir zu helfen. Aber sobald die Krise überwunden war, habe ich meine Gedanken an

Gott zur Seite geschoben und irgendwie weiter gemacht. Im Sommer 2000 war ich jedoch an meinem absoluten Tiefpunkt angelangt. Ich trank, nahm zusätzlich Medikamente und war nervlich am Ende, psychisch und physisch nicht mehr in der Lage meinen Alltag zu bewältigen. Ich hatte morgens schon Angst vor dem Tag. Mir war bewusst, dass ich falsch lebte, schlicht und einfach verkehrt. Diese Einsicht fraß an mir wie ein Krebsgeschwür und verschlang meine Selbstachtung. Lebensangst. Es ging nichts mehr. Das Drama meiner alkoholdurchdrängten Wirklichkeit hatte mich fest im Griff. Nicht ich entschied, wann und wie viel ich trank, sondern König Alkohol. Alkoholismus ist eine Krankheit, die sich über einen langen Zeitraum hinweg entwickelt. Sie befällt einen ganz allmählich und heimtückisch, so dass man ihr irgendwann vollständig ausgeliefert ist. Und genau an dem Punkt befand ich mich. Ich wusste, ich muss mit der Selbstzerstörung aufhören, sonst gehe ich vor die Hunde. Endlich – nach Jahren des Selbstbetruges, des Nichtwahrhabenwollens, des Kampfes gegen Windmühlen – war ich bereit, mir helfen zu lassen. Endlich konnte Gott eingreifen. Er stoppte meinen Selbstmord auf Raten, indem er mir einen Menschen schickte, der mir den Weg aus meiner verfahrenen Suchtrealität zeigte. Ich habe mit einer Seelsorgerin mein Leben der Sorge Gottes anvertraut, wie es im 2. Schritt der Anonymen Alkoholiker heißt. Es wurde nicht schlagartig alles gut, aber in mir keimte so was wie Hoffnung auf. Winzig klein und unter einer Menge seelischem Müll verborgen, regte sie sich ganz, ganz vorsichtig. Ich entschied mich für das Leben. Ich sehnte mich nach Heilung und Genesung. Ich klammerte mich an ein winziges Körnchen Zuversicht: Vielleicht würden sich die Dinge ja ändern, wenn ich zu trinken aufhörte, vielleicht war ich ja doch kein hoffnungsloser Fall, als den ich mich lange Zeit betrachtet hatte.

Seit meiner Umkehr und Hinwendung zu Gott hat mein Leben eine neue Richtung bekommen. Ich habe eine freikirchliche Gemeinde gefunden, in der ich mich wohl fühle und mein Partner hat auch zum Glauben gefunden. Trotzdem kam es immer wieder zu Schwierigkeiten, die ich alleine nicht bewältigen konnte. Ich hatte Rückfälle und litt unter Depressionen. Ich habe mich oft gefragt: „Warum hilft Gott mir nicht? Warum bin ich nicht in der Lage, mein Leben zu meistern?" Doch Gott hatte einen Plan für mich... Im Juni 2002 begann ich eine dreimonatige stationäre Therapie, um meinen Wunsch und Willen, ein abstinentes Leben ohne Rückfälle zu leben, zu stabilisieren. Mit therapeutischer Hilfe konnte ich vieles aus meiner Vergangenheit aufarbeiten und entscheidende Einsichten gewinnen. Ich vertraue darauf, dass Gott mir dabei hilft, diese Einsichten auch umzusetzen und dass er mir die Kraft gibt, die ich brauche. Ich bin Gott unendlich dankbar dafür, dass er mir ein neues Leben geschenkt hat und möchte allen Menschen, die in Abhängigkeiten oder Zwängen leben, Mut machen, sich der Liebe Gottes auszuliefern. Mein Taufspruch gibt mir Hoffnung und Zuversicht: *„Ich will dich unterweisen und dir den Weg zeigen, den du gehen sollst; ich will dich mit meinen Augen leiten" (Psalm 32,8).*

Wir sind überglücklich, dass Christine zu Gott zurück gefunden hat und mit seiner Hilfe von ihrer Sucht los gekommen ist. Heute erfreuen wir uns auch an unseren drei Enkelkindern: Lena, Louisa und Joshua. Christine lebt mit Joshua in Köln, wo Joshua 1995 geboren ist. Lena und Louisa sind 1992 und 1995 in Herne geboren, leben aber seit 1999 mit Katharina und Olaf gemeinsam in unserem Haus im Westerwald. Als meine Tochter Katharina und mein Schwiegersohn noch im Ruhrgebiet lebten, schlug Olaf vor, dort ein Zweifamilienhaus zu kaufen, um mit ihnen zusammen zu wohnen. Ich lehnte jedoch mit der Bemerkung ab: „Solange es dort so viele Schornsteine gibt, ist die Gegend uninteressant für mich." Meine Frau und ich hätten niemals damit gerechnet, dass die vier zu uns in den Westerwald ziehen würden. Deshalb waren wir mehr als überrascht, als Olaf (Diplom-Sozialarbeiter) uns erzählte, dass er sich in Altenkirchen um eine Stelle im Jugendamt der Kreisverwaltung beworben habe. Falls er den Job bekommen sollte, wollten sie bei uns einziehen. Meine Frau und ich waren selbstverständlich damit einverstanden und schmiedeten schon Um- und Anbau Pläne. Wir beteten um Gottes Führung und vertrauten seiner Entscheidung. Und dann war es soweit: Olaf bekam die Stelle, und wir konnten mit unserem Vorhaben beginnen. Wir freuten uns darauf, mit Katharinas Familie in unserem Haus zusammen zu leben. Dabei dachten wir auch ans Älterwerden und die damit verbundenen Veränderungen und möglichen Einschränkungen. Es ist ein beruhigender Gedanke zu wissen, dass wir dann nicht alleine sind – es kann unter Umständen hilfreich sein, eine Krankenschwester in der Nähe zu haben!

Inzwischen leben wir über 25 Jahren im Westerwald und fühlen uns dort wohl. Das war allerdings nicht von Anfang an so: 1978, als wir von Hessen nach Rheinland-Pfalz umsiedelten, waren meine Kinder und auch meine Schwiegereltern alles andere als begeistert von dem Umzug. Es gab viele Tränen, und der Neubeginn verlief nicht ohne Komplikationen. Aber damals war mir klar, dass Gott mir eine neue Aufgabe im Missionswerk Neues Leben in Altenkirchen zugewiesen hatte, und ich vertraute darauf, dass er mir und meiner Familie bei der Eingewöhnung in der fremden Umgebung helfen würde. Und rückblickend kann ich sagen, dass er das auch getan hat.

Christel und ich haben uns während unserer Ehe mehr und mehr schätzen und lieben gelernt. Wir ergänzen uns in vielem und respektieren unsere charakterlichen Unterschiede. Meine Frau ist eher ein musischer Typ, während ich ein pragmatisch orientierter

Mensch bin. Christel liebt schöne Dinge, hat einen Sinn für das Ästhetische und achtet mehr auf Qualität als auf Quantität. Sie hat unsere Wohnung harmonisch und stilvoll eingerichtet, und ich liebe ihren guten Geschmack.

Vor vielen Jahren habe ich meiner Frau eine wertvolle Perlenkette mit einem dazu passenden Armband geschenkt, an dem sie große Freude hatte. Eines Tages war der Schmuck verschwunden. Wir stellten das ganze Haus auf den Kopf, aber die beiden Stücke waren nicht mehr auffindbar. Sollten sie gestohlen worden sein? Wir konnten uns aber nicht vorstellen, wer sie entwendet haben sollte. Wir waren zunächst ratlos und traurig. Dann aber kam uns der Gedanke, ob unser Herz vielleicht zu sehr an vergänglichen, materiellen Dingen hängt. Wollte Gott uns mit dieser Situation prüfen? Sollten wir uns im Loslassen üben? Viele Monate später – nachdem wir die Lektion gelernt hatten – kamen wir auf den Gedanken, ein kleineres Ersatzstück zu kaufen. Allerdings waren die Preise inzwischen rapide gestiegen, sodass wir unseren Entschluss erst mal auf Eis legten.

Einige Zeit danach waren wir zu einem Kururlaub in Italien und da geschah das „Wunder von Abano!" Christel war gerade im Bad, als sie plötzlich in ihrem Kosmetikkoffer die Perlenkette und das Armband in den Händen hielt. Sie traute im ersten Moment kaum ihren Augen und rief mich aufgeregt ins Bad. Ich konnte es auch kaum glauben, dass der Schmuck plötzlich wieder aufgetaucht war. Er hatte sich in einer kaum sichtbaren Seitentasche „versteckt", die wir bei unserer Suche übersehen hatten. Wir dankten Gott von ganzem Herzen für den wieder gefundenen Schmuck und für die Lektion, die wir dadurch gelernt hatten.

Meine Frau und ich erlebten während unserer über 40-jährigen Ehe viele schöne Jahre. Seit wir im Westerwald wohnen, haben wir es uns zur Gewohnheit gemacht, unseren Hochzeitstag mit einem Ausflug oder einer Kurzreise zu feiern. Das Reiseziel plante ich als Überraschung, sodass Christel erst davon erfuhr, als wir schon unterwegs waren. Es war für sie immer spannend bis zum letzten Augenblick. So waren wir zum Beispiel am 20. Hochzeitstag in Paris und am 30. Hochzeitstag in Finnland – um nur zwei besondere Tage herauszugreifen.

Aber es gab auch schwere Jahre, die von Krankheit und Leid geprägt waren. So zum Beispiel im Jahre 1988: Wir waren voller Sorge und Anspannung, weil Christel mit einer schweren Krankheit konfrontiert wurde. An dieser Stelle möchte ich meine Frau selbst berichten lassen, was sie damals erlebt und empfunden hat:

„Es waren wunderschöne Sommertage im Juli 1988. In diesem Jahr waren wir 25 Jahre verheiratet, und wir standen mitten in den Vorbereitungen für unsere Silberhochzeitsfeier. Die Einladungen zu der Feier waren verschickt, und wir freuten uns auf diesen Tag, den wir mit Familie, Verwandten, Freunden, Nachbarn und den Mitarbeitern des Missionswerkes Neues Leben, in dem mein Mann arbeitete, feiern wollten. Da trat plötzlich etwas in unser Leben, was uns total durcheinander brachte. Ich fühlte mich nicht wohl und musste den Arzt aufsuchen. Nach einer ersten Untersuchung lautete die vorläufige Diagnose: **Darmkrebs**. Das schlug ein wie eine Bombe! In unseren Gedanken drehte sich nun alles um dieses eine Thema. Wir konnten unseren Alltag kaum bewältigen. Natürlich haben wir gebetet und in der Bibel gelesen, doch wir konnten uns nicht konzentrieren. Immer wieder schwirrten die Gedanken ab. Immer stärker beanspruchte uns die Frage: Was wird werden, wenn es tatsächlich Darmkrebs ist? Wir brauchten dringend Hilfe, da wir beide mit dieser „Hiobsbotschaft" völlig überfordert waren. Und Gott schenkte uns auch diese Hilfe. Es war an einem Nachmittag, und mein Mann kam mit einer guten Nachricht aus dem Büro nach Hause. Er hatte eine Bibelstelle gelesen, die das Versprechen enthielt, Frieden zu bekommen der unseren Verstand übersteigt und gleichzeitig Bewahrung für unser Herz und für unsere Gedanken versprach. Er nahm die Bibel und dann lasen wir gemeinsam Philipper 4, 6+7: *„Sorgt euch um nichts, sondern lasst in jeder Lage eure Anliegen durch Gebet und Flehen verbunden mit Danksagung vor Gott kundwerden! Dann wird der Friede Gottes, der höher ist als aller euer Verstand, eure Herzen und euer ganzes Denken in Christus Jesus bewahren.“*

„Das ist eine Anweisung Gottes und die werden wir jetzt befolgen", sagte mein Mann zu mir. Im Gebet breiteten wir unsere Not vor Gott aus, flehten ihn um Hilfe an und dankten ihm für seine Zusage. Das taten wir nicht nur einmal, sondern wieder und immer wieder. Und eines Tages war er da, der versprochene Friede Gottes. Ängste und Sorgen tauchten zwar auch auf, aber sie beherrschten unsere Gedanken nicht mehr. Das war die Hilfe, die wir brauchten. Und sie kam zum richtigen Zeitpunkt.

Zwei Tage nach unserer Silberhochzeitsfeier – die wir in großer Dankbarkeit Gott gegenüber mit vielen Leuten gefeiert hatten –, ging ich ins Krankenhaus. Die erste Untersuchung war eine große Darmspiegelung unter Narkose. Während dieser Untersuchung hörte ich ganz deutlich den Arzt sagen: „Es ist ein Karzinom, aber die Heilungschancen stehen gut." Als ich das meinem Mann erzählte, meinte er, dass ich das nicht gehört haben könnte, da ich unter Narkose war. Damit war die Sache vorläufig abgetan. Es folgten noch viele Untersuchungen, und nachdem alles abgeschlossen war, wurde ich zum Stationsarzt bestellt. Dieser teilte mir mit: „Frau Failing, Sie haben ein Karzinom im Darm und das muss operiert werden." Die endgültige Diagnose und die bevorstehende Operation lösten bei mir und bei meinem Mann, der mich an diesem Tag mit unserer ältesten Tochter besuchte, neue Ängste aus. Wir weinten gemeinsam, und dadurch wurde die Spannung, die sich bis zu diesem Zeitpunkt aufgebaut hatte, etwas gelindert. Nachdem ich meine Lieben verabschiedet hatte, ging ich auf mein Zimmer zurück. Die alte Dame, die neben mir lag und mit der ich bisher wenig geredet hatte, weil sie sehr schwach war und die meiste Zeit schlief, reichte mir das Losungsbüchlein der Herrnhuter Brüdergemeinde. Ich nahm es und las die Losung für diesen Tag, den 8. August 1988: *„Siehe, Gott steht dir bei, der Herr erhält dein Leben"* *(Psalm 54,6).*

In diesem Moment stockte mir der Atem, und ich wusste gar nicht, was ich denken sollte. Ich rief sofort meinen Mann an und teilte ihm mit, was ich soeben gelesen hatte. Eine ganze Weile schwieg er. Dann kam die Frage: „Glaubst du das auch?" Auch ich konnte nicht direkt antworten. Es vergingen einige Minuten, bis ich sagen konnte: „Ich will es versuchen." Nie zuvor in meinem Leben hatte ich so etwas erlebt. Noch nie war ich so direkt und situationsbezogen von Gottes Wort angesprochen worden! Es dauerte eine ganze Zeit, bis ich überhaupt glauben konnte, dass Gott mich in meiner Situation ganz persönlich meinte, dass er mir Mut machen wollte, ihm zu vertrauen und ihm alles zu überlassen, was auf mich zukommen sollte.

Wenige Tage später ereichte mich ein Brief, den mir eine Frau aus unserer Gemeinde geschrieben hatte. Es war ein schöner Brief, der mir die Anteilnahme der Geschwister aus unserer Gemeinde an meiner Situation deutlich machte. Und es war ein besonderer Brief, weil das Losungswort vom 8. August darin stand! Nun hatte ich diese Zusage ein zweites Mal schwarz auf weiß in meinen Händen und doch kam immer wieder der Gedanke auf: Sollte Gott das wirklich so meinen? Sollte er mir wirklich mein Leben erhalten wollen? Ich habe mich dann dazu entschlossen, Gott zu glauben und mich über seine Zusage zu freuen. Das gab mir eine gewisse Gelassenheit.

Dann lief alles seinen Gang. Ich wurde von der Abteilung

für Innere Medizin in die Chirurgie verlegt. Dort hatte ich ein erfreuliches Erlebnis: Es klopfte jemand an die Tür, und nachdem ich herein gesagt hatte, betrat ein junger Mann das Zimmer und fragte mich etwas aufgeregt: „Sind Sie die Frau Failing, und sind Sie Christ?" „Ja", antwortete ich ihm „ich bin die Frau Failing und ich bin Christ, aber wer sind Sie?" Dann sprudelte es nur so aus ihm heraus: „Das habe ich mir doch gleich gedacht, ich bin auch Christ und arbeite hier als Zivildienstleistender. Wir haben hier im Krankenhaus einen kleinen Gebetskreis. Möchten Sie, dass wir für Sie beten?" „Natürlich möchte ich, dass Sie für mich beten", entgegnete ich erstaunt und erfreut. Erstaunt darüber, dass Jesus mir durch diesen jungen Mann und den Gebetskreis so etwas wie Geborgenheit vermitteln wollte und erfreut darüber, dass es junge Menschen im Krankenhaus gab, die sich zu Jesus bekannten und sich zum Gebet trafen. Immer wieder hat Jesus mich wissen oder spüren lassen: „Ich bin bei dir und ich sorge mich um dich, du brauchst keine Angst zu haben." An dieser Stelle komme ich noch einmal zurück auf die Aussage des Arztes, der die Darmspiegelung bei mir durchgeführt hatte, es sei ein Karzinom, aber die Heilungschancen ständen gut. Normalerweise sollten die Patienten bei einer solchen Untersuchung den Kommentar des Arztes nicht hören. Ich hatte aber genau gehört, was der Arzt gesagt hatte; es glaubte mir jedoch niemand. Nach der Operation musste ich noch einige Wochen im Krankenhaus verbringen, ich bekam häufig Besuch und wurde mit allem gut versorgt. Kurz vor meiner Entlassung besuchte mich dann eine junge Frau, die ich nicht kannte. Sie stellte sich vor und erzählte mir, dass sie als Krankenschwester im Krankenhaus arbeite und zu dem kleinen Gebetskreis gehöre, in dem sie für mich gebetet hatten. Im Laufe dieses Gespräches stellte sich heraus, dass sie bei meiner Darmspiegelung assistiert hatte, und sie konnte mir bestätigten, dass der Arzt tatsächlich gesagt hatte: „Es ist ein Karzinom, aber die Heilungschancen stehen gut." Nun wusste ich, dass Gott es gewollt hatte, dass ich diesen Satz hören sollte. Er wollte mir Erleichterung verschaffen. Die Diagnose war zwar nicht gut, aber in diesem Satz gab es einen kleinen Hoffnungsschimmer auf Heilung. Das war Gottes ganz private Fürsorge für mich.

Nach insgesamt vier Wochen Krankenhausaufenthalt wurde ich entlassen und konnte wieder nach Hause gehen. Mit großer Dankbarkeit im Herzen stellte ich fest, dass Gott auch Zuhause für alles gut gesorgt hatte. Ich hatte mir viele Sorgen um meinen Vater gemacht, der nach dem Tod meiner Mutter, Ende 1987, zu uns gekommen war. Er musste innerhalb kürzester Zeit so viele Veränderungen verkraften: den Tod seiner Frau, das Verlassen seiner Heimat und das Eingewöhnen in eine vollkommen neue Umgebung. Unsere älteste Tochter Christine studierte damals in Köln, und sie konnte nach Hause kommen und ihren Großvater und Vater versorgen. Das war mir eine große Hilfe. Bald darauf lief alles wieder seinen gewohnten Gang. Und doch war etwas anders geworden: Wir nahmen jeden neuen Tag dankbarer aus der Hand Gottes und freuten uns über sein sichtbares Eingreifen und seine Hilfe in unserem Leben.

Nach fünf Jahren wurde diese Freude getrübt. Bei einer Routineuntersuchung im Mai 1993 stellte unser Hausarzt eine Lebermetastase fest. Nun waren sie wieder da, die Ängste, die schlaflosen Nächte, die Ungewissheit, und sogar Zweifel an der Zuverlässigkeit des Wortes Gottes tauchten auf. Es fanden dann Untersuchungen in mehreren Kliniken statt, und die Diagnosen fielen unterschiedlich aus. Alles kam aus dem Lot. Immer wieder baten wir Gott um seine Führung. In diesem Jahr sollten mein Mann und ich an zwei Freizeiten in Griechenland teilnehmen. Mein Vater war im

November 1992 im Alter von 85 Jahren gestorben und auf Grund dessen konnte ich wieder verreisen. Die Freizeiten, bei denen mein Mann für die Organisation zuständig war, waren eine Bereicherung für mich. Für die erste Freizeit auf der Insel Kreta im Juni 1993 gab Gott mir grünes Licht. Ich hatte eine CT-Aufnahme machen lassen, und der Professor sagte mir: „Frau Failing, ich kann diese Erkrankung nicht mit ihrer Vorgeschichte in Verbindung bringen, es sieht nicht nach einer typischen Metastase aus, eher nach einem Echinakokkus, einem Hundebandwurm."

Ich hatte keine Ahnung, was ein Hundebandwurm bedeutete, spürte aber Erleichterung darüber, dass es vielleicht doch keine Metastase war. Mit dieser Hoffnung im Herzen fuhr ich mit nach Kreta. Nachdem wir wieder in Deutschland waren, gingen die Untersuchungen weiter, und die Diagnose „Hundebandwurm" wurde nicht bestätigt. Eigentlich fühlte ich mich überhaupt nicht krank, denn ich hatte keine Schmerzen. Trotzdem musste ich immer wieder Spezialisten aufsuchen, um herauszufinden, was getan werden musste. Ein Professor riet mir zu einer Biopsie. Ich willigte ein und so wurde ein Termin festgelegt. Am 4. August 1993 sollte ich in die Klinik kommen. Mein Mann war bei dem Gedanken an diesen Eingriff sehr beunruhigt. Er bat Jesus Christus, uns zu zeigen, ob der Eingriff wirklich notwendig war. Durch ein Gespräch mit unserem Hausarzt, den mein Mann „zufällig" traf, wurde uns deutlich, dass der Eingriff nicht nur unnötig, sondern sogar gefährlich war. Wir verstanden diese Begegnung eindeutig als Gottes Führung. Daraufhin sagte mein Mann den Termin in der Klinik ab.

Als dann im September die zweite Freizeit in Nordgriechenland bevorstand, war ich durch die vielen unterschiedlichen Meinungen und Untersuchungsergebnisse so durcheinander, dass ich mich unfähig fühlte, an der Freizeit teilzunehmen. Mitten in den Vorbereitungen für die Reise habe ich immer wieder zu Jesus gebetet: „Bitte verschaffe mir doch Erleichterung." Ich hatte ihm sogar einen Vorschlag gemacht und ihn gebeten, wenn es möglich sei, den Professor zu bewegen, mich anzurufen. Und so geschah es auch: Der Arzt rief mich an einem Abend an und teilte mir die, wie er sagte, erstaunlich guten Ergebnisse der durchgeführten Blutuntersuchung mit. Das war für mich die entscheidende Erleichterung, und ich trat die Reise nach Griechenland an. Im Oktober 1993 war ich dann dank Gottes Führung in der richtigen Klinik und bei den richtigen Ärzten. Der Tumor in meiner Leber sah zwar nicht aus wie eine Metastase, aber er war raumgreifend und musste entfernt werden. Mir sollte die rechte Leberhälfte, in der der Tumor saß, heraus genommen werden. Nach diesem Befund folgten die Vorbereitungen zur Operation.

In der Zeit von Mai bis Oktober 1993 hatte ich Gott wiederholt um ein Wort aus der Bibel für meine besondere Situation gebeten, aber es tat sich einfach nichts. An dem Tag, an dem ich operiert werden sollte, saß ich morgens auf meinem Bett und wartete darauf, dass man mich abholte. Es verging eine Stunde und noch eine Stunde; ich wurde nicht abgeholt. Dann habe ich mein Bibelleseheft von den Aidlinger Schwestern genommen und meine Stille Zeit gemacht. Die Aidlinger Schwestern geben immer eine gute Auslegung zum Text und verweisen auf viele Bibelstellen, die im Zusammenhang gelesen werden sollen. An diesem Morgen war die zuletzt angegebene Bibelstelle Klagelieder 3,22 + 23. Ich schlug die Stelle auf und las: *„Die Gnadenerweisungen des Herrn sind noch nicht erschöpft, sein Erbarmen ist noch nicht zu Ende; Alle Morgen sind sie neu, groß ist deine Treue."*

Wieder war ich sprachlos. Und dann war plötzlich eine unbeschreibliche Freude in mir. Ich kann es kaum in Worte fassen, was ich damals empfand. Ich fühlte mich sicher, geborgen und versorgt. Tränen der Freude liefen mir über die Wangen, als ich mich bei Jesus bedankte und ihn um Vergebung bat, weil ich mit seiner Treue nicht mehr gerechnet hatte. Alle Angst war verschwunden. Ich wusste, ich werde nach der OP weiterleben. Der Morgen verging, und niemand holte mich zu der vorgesehenen Operation ab. Dann kam die Post und mit der Post eine Karte von einer Freundin. Auf dieser Karte stand nur ein Bibelvers und ihr Name. Später erzählte sie mir, wie es zu diesem Bibelwort kam: Sie wäre von der Küche ins Wohnzimmer gegangen und im Flur plötzlich auf eine Karte, die dort auf einem Tisch lag, aufmerksam geworden. Auf dieser Karte stand der Bibelvers, den sie mir dann schickte:

„Fürchte dich nicht, denn ich bin mit dir! Blicke nicht ängstlich umher, denn ich bin dein Gott! Ich stärke dich und ich helfe dir auch und halte dich aufrecht mit meiner heilverleihenden Rechte" (Jesaja 41,10).

Am Nachmittag erreichte mich dann ein Fax aus Argentinien von Celma und Erich Würfel mit demselben Bibelwort! Das war für mich kein Zufall, sondern Gottes eindeutige Führung. Meine Operation wurde von diesem Tag, dem 10. Oktober auf den 13. Oktober verschoben. Die Gründe für die Verschiebung wurden mir nicht genannt. Ich glaubte, sie aber zu kennen... Es war Gottes Tag mit mir. Er wollte mich erfreuen. Er wollte mir deutlich zeigen, dass er die Macht hat und dass ich ihm vertrauen sollte in Bezug auf alles, was vor mir lag. Nach der Operation am 13. Oktober, als ich auf der Intensivstation lag und mein Mann an meinem Bett stand, kam es zu einer kurzen Begegnung mit dem Arzt, der meinem Mann mit sichtbarer Erleichterung und mit einem Ausdruck von Freude mitteilte: „Ihre Frau hat keine Bluttransfusion gebraucht." Wir wussten jedoch nicht, welche Bedeutung das hatte. Wochen später hörten wir in den Medien von einem Skandal, in dem es um verseuchtes Blut ging. Auch in der Klinik, in der ich operiert wurde, konnte man verseuchtes Blut sicherstellen. Wieder ließ Gott mich wissen, dass er in allen Situationen den Durchblick hat und dass wir seiner Führung vertrauen können. Sicherlich war diese Leberoperation kein leichter Eingriff, aber unter der Aufsicht meines Vaters im Himmel konnte ich mich relativ schnell erholen und nach neun Tagen entlassen werden.

Nach dieser Operation sind nun über elf Jahre vergangen, und ich wünsche mir, dass ich meinem Vater im Himmel mit meinem Leben Freude und Ehre machen kann."

So ist in unserem gemeinsamen Leben immer wieder Gottes Führung sichtbar geworden. Besonders in Krankheitszeiten haben wir seinen Beistand ganz konkret erlebt. So auch 1997, als meine Frau und ich auf der Insel Korsika Urlaub machten. Gegen Ende des Urlaubs fühlte ich mich nicht gut, ich hatte keinen Appetit mehr und nahm innerhalb weniger Tage fünf Kilo ab. Als wir wieder Zuhause waren, ging ich sofort zum Arzt. Er nahm mir unter anderem Blut ab, und auf Grund der schlechten Werte wies er mich zur ambulanten Untersuchung ins Krankenhaus ein. Dort wurde ich stundenlang auf den Kopf gestellt, und es wurde eine Biopsie eines Knotens am Hals vorgenommen. Am Nachmittag teilte mir der Arzt mit: **„Herr Failing, ich habe leider eine schlechte Nachricht für Sie. Es besteht ein dringender Verdacht auf ein Schilddrüsenkarzinom."** Ich war wie vor den Kopf gestoßen und konnte kaum glauben, was ich hörte! Der Arzt gab mir einen Kurzbericht für meinen Hausarzt mit und bestellte mich – es war Freitag – für Montagmorgen, um alles Weitere zu besprechen. Ich fuhr wie benommen nach Hause und war völlig durcheinander. Erst hatte meine Frau Krebs und jetzt ich! Nachdem sich der erste Schock gelegt hatte, riefen wir die Ältesten der Gemeinde zusammen, damit sie für mich beteten. Einer der Ältesten sagte zu mir: „Ich habe Gott gebeten, mir einen Zuspruch für dich zu geben und dabei ist mir der Satz, „Der Sturm geht vorüber", in den Sinn gekommen." Während sie beteten, wurde ich innerlich ganz ruhig und vertraute auf Gottes Eingreifen. Am Montag vereinbarte ich mit den Ärzten der Chirurgie des Krankenhauses einen Operationstermin für Donnerstag. Doch einen Tag vor der geplanten OP bekam ich überraschend einen Anruf des Krankenhausarztes: „Herr Failing, ich habe eine gute Nachricht für Sie. Auf Grund der pathologischen Untersuchung der Biopsie hat sich unser Verdacht auf ein Schilddrüsenkarzinom nicht bestätigt. Kommen Sie morgen bitte zu mir, dann können wir die weitere Vorgehensweise besprechen." Völlig überwältigt legte ich den Hörer auf und war zunächst sprachlos. Dann dankte ich Gott, dass der Sturm vorüber war.

Am nächsten Tag fuhr ich in guter Stimmung zu dem Arzttermin ins Krankenhaus. Doch dort wurde ich mit einer neuen „Hiobsbotschaft" konfrontiert. Der Arzt erklärte mir, dass er mit einem Kollegen aus Essen über die Diagnose gesprochen habe und er der Meinung sei, man solle auf jeden Fall operieren, da der Knoten doch bösartig sein könnte. Ich war fassungslos, diese Wechselbäder der Gefühle waren zu viel für mich. Ich bat den Arzt um Bedenkzeit und machte mich auf den Heimweg. Ich war total durcheinander. Ich hatte keine Ahnung, wie ich diese Hochs und Tiefs verarbeiten sollte und begann im Auto laut zu beten: „Ich danke dir Gott, dass du der Herr meines Lebens bist und bitte dich um Weisheit für die richtige Entscheidung. Bitte veranlasse meinen Hausarzt dazu, mich anzurufen und mir einen Termin zu geben. Danke, dass du mir helfen willst." Sicher eine ungewöhnliche Bitte, denn normalerweise ruft der Patient den Arzt an und nicht umgekehrt. Tatsächlich – nach zwei Tagen klingelte das Telefon und die Sprechstundenhilfe meines Hausarztes war am Apparat: „Herr Failing, der Doktor bittet Sie, morgen früh um 10 Uhr in seine Sprechstunde zu kommen." Dort teilte er mir mit, dass ihm die Diagnose keine Ruhe gelassen habe und er zu dem Ergebnis gekommen sei, dass sein Kollege falsch liege. Er verschrieb mir ein Medikament, das ich vier Wochen lang einnehmen sollte. Ich war einverstanden, da ich Hundertprozent davon überzeugt war, dass Gott hier seine Hand im Spiel hatte und mein Gebet erhört worden war. Vier Wochen später war der Knoten weg und meine Blutwerte wieder normal! Der Sturm war endgültig vorüber. Gott hatte sein Wort gehalten, und ich war um eine Erfahrung in punkto „Gottes Führung vertrauen" reicher.

Es ist schön, in der Ehe füreinander da zu sein, für das Wohl des Partners zu sorgen und sich gegenseitig geistlichen Beistand zu leisten. Ich bin Gott dankbar für jeden neuen Tag, an dem ich mit meiner Frau zusammen sein kann. Besonders im Alter, wo einer den anderen mehr denn je braucht.

50 Jahre aktiv im Beruf

Ich traf die Entscheidung, Gottes
Führung bedingungslos zu vertrauen und ihm gehorsam zu sein

„Ihr Antrag auf Altersrente ist bei uns eingegangen. Die Be-
arbeitung wird allerdings noch einige Zeit in Anspruch nehmen.
Wir bitten Sie um Geduld", so lautete der Bescheid der BfA aus
Berlin. Ich dachte, wenn man 50 Jahre einbezahlt hat, kommt es
auf ein paar Wochen oder Monate auch nicht mehr an. Außerdem
wollte ich noch gar nicht „in Rente" gehen. Es gab und gibt noch
so viel zu tun für mich.

Meine berufliche Laufbahn begann mit einem Ratschlag meiner
Mutter: „Am besten gehst du ins Kaufmännische", sagte sie mir,
als ich nach Beendigung der Volksschule nach einem geeigneten
Beruf Ausschau hielt. Sie sollte am Ende Recht behalten. Aber
ich versuchte es erst mit Aufnahmeprüfungen in der optischen
und in der feinmechanischen Industrie, die ihren Sitz in Wetzlar
hat und weltbekannt ist. Doch offensichtlich schätzten die Leute
meine Fähigkeiten in diesem Bereich nicht sehr hoch ein. Ich
bekam mehrere Absagen. Grund genug, sich dann doch – dem
Ratschlag meiner Mutter folgend – im kaufmännischen Bereich
zu orientieren.

Nach einem kurzen Debüt in der kaufmännischen Handelsschule,
bewarb ich mich bei einem Bauunternehmen als kaufmännischer
Lehrling und bekam die Lehrstelle. Mit einem neuen Fahrrad fuhr
ich dann zu meiner neuen Arbeitsstelle. Die Freude war groß, als
ich das erste Gehalt nach Hause brachte. Die kleine Landwirtschaft
meiner Eltern warf nicht allzu viel ab, außerdem hatten sie noch
meine drei schulpflichtigen Geschwister zu ernähren. Während
meiner Lehre merkte ich, dass mir dieser Beruf Spaß machte, und

ich bestand die Ausbildung im Praktischen und Theoretischen mit der Note gut. Schon als junger Industriekaufmann absolvierte ich private Fortbildungskurse in Steuerlehre und interessierte mich für das Bank- und Versicherungswesen. Ich hatte damit Erfolg und betrieb nebenberuflich viele Jahre eine Bank- und Versicherungsagentur. Ich verdiente viel Geld, und ich konnte mir alles, was mir wichtig war, leisten: immer ein neues Auto, Urlaubsreisen, ein Reitpferd... Um Gott und den Glauben kümmerte ich mich nur ganz am Rande. Ich nahm mir keine Zeit dazu; das materielle Denken herrschte bei mir vor.

Aber Gott ließ mich nicht aus den Augen. Manchmal muss er jedoch hart eingreifen, damit der Mensch hellhörig wird. Das war bei mir der Fall. Ich hatte hintereinander mehrere schwere Autounfälle, die mich eigentlich zum Nachdenken und Innehalten hätten bringen müssen. Doch ich verdrängte diese Warnhinweise und machte im alten Trott weiter. Erst viel später ging mir ein Licht auf, und ich merkte, dass Gott mit mir reden wollte. Er hatte mehrere Stoppschilder aufgestellt, um mich zum Umkehren zu bewegen.

Die Bauindustrie hatte in den 50er und 60er Jahren Hochkonjunktur. In der Firma, in der ich tätig war, ging es bergauf. Immer neue Maschinen wurden angeschafft und die Personalstruktur verbessert. Nach 15 Jahren Aufbauarbeit kam es zu einer unerfreulichen Veränderung. Einer der beiden Inhaber kaufte einen Nebenbetrieb, der sich aber zum Verlustgeschäft entwickelte. Er ließ sich nicht beraten und hielt an diesem Zuschussgeschäft fest. Das rief in mir Unmut hervor, und ich verbrachte schlaflose Nächte mit diesem Problem. Alle Versuche meinen Chef umzustimmen, schlugen fehl. „Ich ziehe das durch, und wenn ich auf dem Zahnfleisch gehe", waren seine uneinsichtigen Worte. Da kam mir der Gedanke, die Firma zu wechseln. Nach meiner Einschätzung konnte sein Vorhaben nicht gut gehen, und ich wollte den Geschäftsruin nicht miterleben. Schon bald darauf kündigte ich mein 20-jähriges Beschäftigungsverhältnis und machte mich als Generalagent in der Versicherungsbranche selbstständig. Ich hatte positive Geschäftserlebnisse, und der Erfolg gab mir Recht. Ich habe in meinem gesamten Berufsleben nie gegen meine Überzeugungen gearbeitet, und wie ich damals schon befürchtete, meldete das Bauunternehmen zwei Jahre später Konkurs an. Ich war froh, frühzeitig das „sinkende Schiff" verlassen zu haben.

Eines Tages rief mich meine Schwester Christa an und sagte mir, dass in der Wetzlarer Neuen Zeitung eine Anzeige stehe, in der eine angesehene Wetzlarer Wohnungsgesellschaft einen Kaufmann suche. „Das wäre doch etwas für dich, oder?", fragte sie mich.

Ich rief dort an und erkundigte mich nach den näheren Einzelheiten. Es schien alles zu passen. Der Geschäftsführer stammte aus meinem Heimatort und kannte mich. Die Vorlage der Bewerbungsunterlagen war nur noch eine Formsache. Bald darauf trat ich meine neue Stelle an und war für den Verkauf, die Finanzierung und Verwaltung von Eigentumswohnungen zuständig. Die Arbeit machte mir Freude und meine langjährigen Kenntnisse in der Baubranche kamen mir zugute. Es dauerte nicht lange und ich bekam Bank -und Handlungsvollmacht. Ich war auf der Erfolgsschiene und verdiente nebenbei noch viel Geld mit meiner Versicherungsagentur. Und doch sollte es nicht die Endstation meines Berufslebens sein, obwohl ich mich in der Firma wohl fühlte und eine führende Stellung hatte. Rückblickend kann ich nur sagen, dass Gott einen anderen Plan für mich und mein Berufsleben hatte.

Nach etwa fünf Jahren in meiner damaligen Stellung kam es zu einer Wende in meinem Leben. Nach meiner Bekehrung begann sich mein Denken zu verändern. Mein materielles Wohlergehen stand nicht mehr an erster Stelle, sondern ich beschäftigte mich zunehmend mit geistlichen Themen. Ich nahm unter anderem Kontakte zu missionarischen Einrichtungen auf, und mein Augenmerk richtete sich hauptsächlich auf das Missionswerk

Neues Leben e.V. in Altenkirchen im Westerwald. Schließlich war ich ja bei dem Leiter dieses Werkes, Anton Schulte, zum Glauben an Jesus Christus gekommen. Dadurch war eine enge Bindung an das Werk entstanden. Ich schätzte diese Arbeit sehr und nahm an Freundestreffen teil, um mich über die aktuelle Missionsarbeit zu informieren. Anton Schulte organisierte auch Reisen ins „Heilige Land". Seit ich begonnen hatte in der Bibel zu lesen, interessierte ich mich sehr für Israel und hatte den Wunsch, dieses Land kennen zu lernen. Eines Tages meldete ich mich, gemeinsam mit einem Freund, bei einer solchen Reise an. Ich freute mich unendlich darauf, in das Land der Bibel zu reisen. Als wir nach Jerusalem kamen, war das für mich ein bewegender Augenblick, den ich nicht vergessen werde.

Bei dieser Reise lernte ich einige Mitarbeiter von Neues Leben kennen, denen auffiel, dass mir die Mission eine Herzensangelegenheit war. Deshalb verwunderte es mich nicht, dass ich später bei einem Freundestreffen, an dem meine Frau und ich teilnahmen, zum Geschäftsführer gebeten wurde. Er fragte mich, ob ich bereit wäre im Missionswerk mitzuarbeiten. Es würde dringend ein Büroleiter gesucht. Die Anfrage überraschte mich im ersten Moment, und ich sagte dem Geschäftsführer, dass ich Bedenkzeit haben müsse. Ich wollte sicher sein, dass es Gottes Wille für mich sei. Wir vereinbarten, dass ich mich bei ihm melden würde, sobald ich Klarheit in der Sache hätte.

Auf der Rückfahrt nach Hause hatten meine Frau und ich genügend Gesprächsstoff. Wir fragten uns, ob ein Umzug für uns überhaupt in Frage käme. Wir wohnten mit meinen Schwiegereltern in einem Hause, da meine Frau das einzige Kind war. Die Schwiegereltern „im Stich" lassen? Unsere vertraute Umgebung, den Freundeskreis verlassen? Sollte das Gottes Wille sein? Unzählige Fragen gingen uns während der Autofahrt durch den Kopf, und die Kardinalfrage lautete: Wie erfährt man in einer solchen Situation den Willen Gottes? Ich stand an einer Wegkreuzung und wusste noch nicht, welche Richtung ich einschlagen sollte. Ich konnte ja nicht erwarten, dass Gott einen hell leuchtenden Stern aufgehen ließ, der mir dann den Weg zeigen würde! Ich war bereit, Gottes Führung zu vertrauen, doch ich hatte keine Ahnung, wie ich Gottes Willen konkret in dieser Situation erfahren könne.

Plötzlich kam mir eine Idee (heute bin ich mir sicher, dass mich der Heilige Geist geleitet hat): Ich betete, dass entgegen unseren Abmachungen mit dem Geschäftsführer von Neues Leben, nicht ich mich bei ihm, sondern er sich bei mir erneut melden sollte. Einige Monate vergingen. Ich hörte nichts. Eines Tages kam ein Brief aus Altenkirchen: „Lieber Herr Failing, wir möchten nachfragen, ob Sie inzwischen Klarheit gewonnen haben und bei uns mitarbeiten wollen?" Das war eine eindeutige Antwort auf mein Gebet. Zunächst vereinbarte ich ein Vorstellungsgespräch, bei dem ich den Geschäftsführer fragte, wie man den Willen Gottes erkennen könne. Er antwortete mir: „Wenn alles zusammen passt; wenn sich alles so zusammenfügt wie zwei Zahnräder, die ineinander laufen." Seiner Aussage konnte ich nur zustimmen, und ich beschloss, abzuwarten, ob wirklich alles zusammenpasste. Meine Bewerbungsunterlagen mussten noch dem Bruderrat vorgelegt werden. Als dieser dann für meine Einstellung votierte, hatte ich keine Zweifel mehr. Aber Gottes Willen zu erkennen ist eine Sache, ihn zu tun ist eine andere. Ich traf die Entscheidung, Gottes Führung bedingungslos zu vertrauen und ihm gehorsam zu sein. Meine Frau stand voll und ganz hinter mir, und das war mir eine große Hilfe. Es dauerte lange, bis sich meine Schwiegereltern mit unserem „Weggang" abfinden konnten. Wir haben uns nicht mit ihnen überworfen, aber es gab viele Einwände und Schwierigkeiten. Außerdem fiel es weder meiner Frau noch unseren Töchtern leicht, die vertraute Umgebung zu verlassen und neu anzufangen.

Meinen Einstieg in die Mission habe ich nie bereut, obwohl es in den vergangenen 27 Jahren nicht nur Höhen, sondern auch

Tiefen gab. An meiner Motivation hat sich jedoch bis heute nichts geändert. Es war und ist mein Anliegen, dass Menschen von der Botschaft der Errettung durch den Tod Jesu am Kreuz erfahren und sich zu ihm bekehren.

Dieses Ziel wurde bei Neues Leben immer verfolgt. Allerdings gab es manchmal unterschiedliche Auffassungen über den Weg, obwohl das Ziel klar war. Im kaufmännischen Bereich wird auch in der Mission nur mit „Wasser gekocht", das heißt, dass alle Programme, die man plant, auch bezahlt werden müssen. Die finanzielle Seite darf man nicht unterschätzen, zumal die Finanzierung ausschließlich auf Spenden basiert. Man fängt quasi jeden Monat wieder bei Null an. Auf der Ausgabenseite entstanden zum Beispiel relativ hohe Druckkosten für die Einladungsflyer der Evangelisationen. Ich dachte damals, dass es gut sei, eine eigene kleine Druckmaschine zu haben. Nach meinen Berechnungen ließen sich damit langfristig Kosten einsparen. Aber die Anschaffungskosten von damals 15.000 DM für das Gerät waren für uns unerschwinglich. Ich dachte, Gott ist in der Lage, das Geld für uns zu „besorgen", sodass ich ihn im Gebet konkret darum bat. Nach einigen Tagen ging ich in die Buchhaltung und sagte der Mitarbeiterin, dass ich eine Spende von 15.000 DM erwarte und bat sie, mir Bescheid zu sagen, wenn das Geld eingegangen sei. Sie fragte mich, von wem der Betrag überwiesen würde. Ich antwortete: „Das weiß ich auch nicht, aber ich bin sicher, dass das Geld kommt." Eine leichte Verwunderung zeigte sich auf ihrem Gesicht. Etwa eine Woche später kam sie in mein Büro und fragte mich, ob ich einen Herrn „Soundso" kenne. „Nein", sagte ich, „warum fragen Sie?" Daraufhin gab sie mir wortlos einen Bankbeleg mit der Gutschrift von 15.000 DM! Gott hatte mein Gebet erhört, und ich war unendlich dankbar für dieses Wunder.

Doch es gab nicht nur positive Erfahrungen, sondern auch Zeiten, in denen es an allen Ecken und Enden kriselte. So waren zum

Beispiel die Auffassungen in der Geschäftspolitik im Hinblick auf eine ganz bestimmte Situation sehr unterschiedlich, und wir kamen zu keiner Einigung. Ich kam nicht mehr klar, trotz heftiger Intervenierung bei dem Vorstand und dem Bruderrat bestand eine scheinbar unüberwindbare Diskrepanz zwischen den Beteiligten. Schlaflose Nächte waren die Folge bei mir. Ich wollte nicht mehr mitarbeiten. Mir ging es wie Elia im Alten Testament, der müde und ausgelaugt war und keine Kraft mehr hatte, um Gottes Aufträge auszuführen. Heute bezeichnet man einen solchen Zustand als „Burnout". Zahllose Fragen gingen mir durch den Kopf, und ich wusste nicht, wie es weiter gehen sollte. Nach langem Ringen fasste ich den Entschluss, mich beruflich anderweitig zu orientieren und bewarb ich mich bei einer Bank in der Immobilien-Abteilung. Schließlich hatte ich ja in dieser Branche einschlägige Erfahrungen gesammelt. Schon bald bekam ich einen Anruf von dem Bankdirektor, der mir mitteilte, dass die Bank meine Bewerbung positiv aufgenommen habe und ich die Stelle antreten könne. Obwohl ich mich bei der Bank beworben hatte, bat ich um eine Woche Bedenkzeit. Wahrscheinlich hatte ich nicht wirklich mit einer Zusage gerechnet, und ich wollte erst prüfen, ob es auch tatsächlich Gottes Willen entsprach, dass ich das Missionswerk verlasse. Wieder einmal stand ich an einer Wegkreuzung und musste die richtige Entscheidung treffen. Ich wollte jedoch nicht egoistisch entscheiden, sondern Gott in meine beruflichen Pläne mit einbeziehen und ihn um Wegweisung bitten. So betete ich um Klarheit und Weisheit für meine Entscheidung. Doch es tat sich nichts. Nach wie vor hing ich in der Luft und wusste nicht, was ich tun sollte. Warum schwieg Gott? Ließ er mich diesmal einfach hängen? Solche und ähnliche Fragen beschäftigten mich und ließen mir keine Ruhe.

Die Woche Bedenkzeit ging vorüber, und ich musste mich entscheiden. Aber wie? Einerseits wäre der Stellenwechsel für mich ein Ausweg aus einer problematischen Situation gewesen, andererseits wollte ich aber auch nicht so schnell aufgeben und den Weg des geringsten Widerstands gehen.

An dem Tag, an dem ich dem Bankdirektor meine Antwort geben sollte, stand ich auf und las wie immer die Tageslosung. Ich schlug 1. Korinther 7,20 auf. Zu meinem größten Erstaunen las ich dort: *„Bleibe im Stand deiner Berufung".* Mir lief es eiskalt über den Rücken. Gott hatte unmissverständlich und eindeutig zu mir gesprochen! Ich konnte es kaum fassen, so beeindruckt war ich von dieser Gebetserhörung. Nun wusste ich ohne Zweifel, was Gott von mir wollte. Ich sagte bei der Bank ab und vertraute darauf, dass Gott mir weiterhin zur Seite stand. Das war für mich ein entscheidender Gehorsamsschritt in meinem Leben als Christ.

Ich ahnte zu diesem Zeitpunkt noch nicht, dass Gott für mich eine besondere Aufgabe geplant hatte. Ich musste erst noch eine unbequeme Wegstrecke zurücklegen, die etwa zwei Jahre dauerte.

1989 nahm meine Frau an einer Gruppenreise nach Israel teil. Hauptmotivation für sie war ein Besuch bei unserer Tochter Katharina, die zu dieser Zeit in Jerusalem lebte und dort als Krankenschwester in einem Altenheim arbeitete. Bei dieser Reise war auch das Missionarsehepaar Erich und Celma Würfel aus Argentinien dabei. Man unterhielt sich unter anderem darüber, die Missionsarbeit von Neues Leben in Argentinien zu verselbstständigen, das bedeutete, einen neuen rechtlich selbstständigen gemeinnützigen Verein in Deutschland zu gründen. Neues Leben suchte nach einem geeigneten Vorstandsmitglied, einem Mitarbeiter, der im kaufmännischen Bereich firm ist und die Materie eines eingetragenen Vereins beherrscht. Zu den beiden Theologen, Anton Schulte und Willi Buchwald, musste also noch ein Kaufmann kommen. In einem Gespräch mit Erich Würfel sagte meine Frau: „Fragen Sie doch mal meinen Mann, vielleicht hat er Interesse an dieser Aufgabe." So wurde ich nach der Reise zu einem Gespräch eingeladen. Ich signalisierte meine Bereitschaft zur Mitarbeit, machte sie aber von der Festlegung bestimmter Prinzipien abhängig. Ich stellte zum Beispiel die Bedingung, dass sich alle Vorstandsmitglieder darauf einigen, dass die Bankkonten nur mit „schwarzen Zahlen" geführt werden sollten. Es war mir wichtig, dass die Finanzierung der Missionsarbeit im Rahmen der vorhandenen Spendenmittel geplant und für neue Projekte erst ein solider Grundstock vorhanden sein sollte. Zielsetzung war, aus Eigenmitteln ohne Bankkredite die Bezahlung vorzunehmen. Die Beteiligten waren mit meinem Vorschlag einverstanden, und so stand der Neugründung des Vereins nichts mehr im Wege. Im Juni 1990 war es dann so weit. Zweiunddreißig Missionsfreunde trafen sich zur Gründungsversammlung, bei der ich neben Anton Schulte und Willi Buchwald mit in den leitenden Vorstand gewählt wurde.

Unser erstes Projekt war der Bau eines Kinderheimes, in dem Not leidende Kinder ein Zuhause bekommen sollten.

Einige Monate später rief mich eine Frau aus dem Oberbergischen Land an und fragte, wie weit das Projekt Kinderheim fortgeschritten sei. Willi Buchwald und Erich Würfel hatten die dortige Gemeinde über unser Vorhaben informiert. Ich sagte ihr, dass die Pläne fertig seien. Sie antwortete: „Und warum ist mit dem Bau noch nicht begonnen worden?" Ich gab ihr zu verstehen, dass die Finanzierung noch nicht gesichert sei. Da ich die Höhe der Baukosten nicht genau benennen konnte, musste ich mich erst in Argentinien erkundigen. Als sie einige Tage später im Auftrag ihres Mannes wieder anrief, konnte ich ihr mitteilen, dass sich die Kosten auf 250.000 DM beliefen. Wochen später, es war kurz vor Weihnachten, meldete sich diese Frau wieder und lud uns zu einem Besuch ein. Willi Buchwald und ich wurden von dem Ehepaar freundlich empfangen, und wir hatten die Gelegenheit unser Projekt im Einzelnen zu erklären und auch die Baupläne vorzulegen. An der Besprechung nahm auch eine Geschäftspartnerin des Ehemannes teil. „Die Sache gefällt uns", war ihre einhellige Meinung. Nach einer kurzen Beratung erklärte uns dann der Mann: „Sie können das Haus bauen. Wir geben Ihnen das Geld für das Projekt in fünf Raten mit jeweils 50.000 DM."

Willi Buchwald und mir verschlug es die Sprache! Wir hatten zwar insgeheim mit einem Baukostenzuschuss gerechnet, aber niemals mit der gesamten Summe. Voller Dankbarkeit und Staunen über Gottes wunderbare Führung machten wir uns auf den Heimweg. Vier Wochen später traf pünktlich der erste Scheck mit 50.000 DM ein, und im Herbst 1991 konnten wir das Kinderheim einweihen. Bei der Einweihungsfeier nahmen neben unserer Reisegruppe aus Deutschland noch weitere 800 Personen aus Argentinien teil. Es war eine unvergessliche Feier, bei der wir das Kinderheim seiner Bestimmung übergaben: Not leidenden Kindern ein Zuhause und eine christliche Erziehung zu geben.

Die Missionsarbeit in Südamerika wurde für mich mehr und mehr zur Herzenssache. Die Arbeit hat mir von Anfang an viel Freude bereitet. Ich musste oft an den Bibelvers „Bleibe im Stand deiner Berufung" denken und daran, dass Gottes Wege immer die besten sind.
Seitdem arbeite ich voller Engagement und Motivation bei Neues Leben Süd-Amerika e.V. Im Laufe der Jahre nahm nicht nur die Zahl der Missionsfreunde und Spender zu, sondern es gab insgesamt eine Aufwärtsentwicklung und einen Zuwachs der Spendeneingänge. Wir blieben dem Prinzip unserer Geschäftspolitik, nur schwarze Zahlen zu schreiben, bis heute treu.
Einmal war man versucht – da das Geld fehlte – einen Kredit für die Anschaffung eines Kleinbusses für das Kinderheim aufzunehmen. Ich riet dem Missionar jedoch davon ab und bestand darauf, dass wir unserem Prinzip der Nichtverschuldung treu bleiben sollten. Dann beteten wir gemeinsam zu Gott, dass er uns über einen Spender den fehlenden Betrag von 15.000 DM zukommen lassen sollte. Auch in dieser Situation galt es für mich, auf Gottes Führung zu vertrauen. Und Gott hat unser Gebet erhört: Kurze Zeit später kam die Überweisung mit genau dieser Summe! So haben wir immer wieder Wunder erlebt und Gottes Beistand erfahren.

Meine Tätigkeit als Geschäftsführer bezieht sich in erster Linie auf die kaufmännische Verwaltung im Innendienst. Aber gelegentlich ergibt sich auch ein Außendienst in Gemeinden, wo ich über unsere Aktivitäten in Südamerika informiere. So lernte ich zum Beispiel auf der Insel Korsika einen Pfarrer und einen Prediger der Landeskirchlichen Gemeinschaft aus Ostdeutschland kennen. Sie luden mich später zu Missionsvorträgen nach Sachsen ein. Da ich auch Kontakte in Thüringen hatte, plante ich eine Dienstreise quer durch Ostdeutschland. Es kam zu wunderbaren Begegnungen mit gläubigen Geschwistern in mehreren Gemeinden. Überall wurden meine Frau und ich freundlich aufgenommen.

Die Christen im Osten Deutschlands hatten, nach dem Fall der Mauer, nun endlich Gelegenheit, sich auch in der Weltmission zu engagieren, was ihnen über 50 Jahre in ihrem eingemauerten System nicht möglich war. Ich hielt Infovorträge sowohl in Landeskirchen als auch in Freikirchen. Das Thema Geld sprach ich absichtlich nicht an. Trotzdem wurde ich einmal gefragt, was der Vortrag kosten würde. „Der ist kostenlos", antwortete ich. Aber in jeder Gemeinde legte man – ohne dass ich darum bat – ein Opfer für unsere Mission und das Kinderheim zusammen. Die Leute im Osten waren kurz nach der Wende zwar nicht besonders kapitalkräftig, aber sie gaben gerne im Rahmen ihrer Möglichkeiten. Meine Frau erkundigte sich bei mir, ob sich unsere Rundreise kaufmännisch rechnen würde. Ich antwortete ihr: „Darum brauchen wir uns nicht zu sorgen, denn Gott wird sich darum kümmern." Einige Monate nach unserem Diensteinsatz kam eine Überweisung von einer Frau aus einer der besuchten Gemeinden. Sie überwies uns 1000 € und dieses erfreuliche Ereignis wiederholte sich von da an jährlich in der gleichen Höhe, obwohl ich diese Gemeinde nur einmal besucht habe. Das zeigte mir, wie wichtig es ist, Gott auch in kaufmännischen Angelegenheiten zu vertrauen.

Ich erinnere mich noch gut an eine gemeinsame Dienstreise mit dem Missionsehepaar Celma und Erich Würfel, die uns ebenfalls durch Ostdeutschland führte. Erste Station war Berlin. Wir kamen frühzeitig an und hatten bis zur Abendveranstaltung noch Zeit. Wir beschlossen zum „Alex", dem Fernsehturm auf dem Alexanderplatz, zu fahren. Wir parkten unser Auto in der Nähe des runden Turmes. Vom „Alex" hatten wir einen wunderbaren Ausblick über die Dächer von Ostberlin. Als wir zurückkamen, fanden wir unseren PKW nicht mehr. Wir liefen in alle Richtungen um den Turm herum und merkten bald, dass wir uns an dem Turm nicht orientieren konnten. Er war von allen Seiten gleich. Wir konnten auch niemand fragen, da wir keinen Anhaltspunkt und keine Ahnung hatten, wo das Auto geparkt sein könnte. Nach mehreren vergeblichen Anläufen blieben wir ratlos stehen. Wir wurden etwas nervös, weil wir ja pünktlich zu der Abendveranstaltung kommen wollten. Ich schlug vor, gemeinsam zu beten, dass Gott uns die richtige Richtung zeigen sollte. Also beteten wir auf der Straße um „Wegweisung". Danach hatten wir plötzlich eine „Eingebung" und gingen um einen Häuserblock herum. Und da sahen wir dann tatsächlich unser Auto stehen! Dieses Erlebnis hat mir einmal mehr deutlich gemacht, wie Gott ganz konkret im Alltag wirkt und unsere Sorgen ernst nimmt. Für ihn ist nichts zu groß oder zu klein.

Am nächsten Tag trafen wir mit einer Gruppe junger Christen in Sachsen zusammen. Sie hatten einen ehemaligen Kindergarten für ihre Zusammenkünfte angemietet. Wir machten ihnen Mut, eine eigene Gemeinde nach biblischem Prinzip zu gründen. Später erfuhren wir, dass sie unsere Ratschläge in die Tat umgesetzt hatten. Seit vielen Jahren unterstützt diese Gemeinde unsere Missionsarbeit in Argentinien.

Ein anderes Mal besuchte ich ein Fundraising-Seminar in der Nähe von Dresden. Es war kurz nach der Wende, und der Osten

Deutschlands war für uns noch Neuland. Das Seminar war für mich auch eine Gelegenheit, Dresden kennen zu lernen. In der Stadt hatte ich Schwierigkeiten einen Parkplatz zu finden. Ich kam am Gelände des Landtages vorbei und dachte, dass es vielleicht dort eine Möglichkeit gibt, das Auto auf dem Personalparkplatz abzustellen. Der Parkplatzwächter gewährte mir mit einem Augenzwinkern Einlass und machte die Schranke hoch. Das war ein erster positiver Eindruck von den Menschen in Dresden. Als ich am nächsten Tag wieder vor der Schranke stand, ließ mich der Parkplatzwächter erneut dort parken. Am Abend kam ich von einer Stadtbesichtigung zu meinen „öffentlich-rechtlichen" Parkplatz zurück. Die meisten Beamten des Landtages hatten schon Feierabend. Kurz bevor ich in meinen PKW einstieg, sprach mich ein junger Mann an, der, wie sich dann im Gespräch herausstellte, beim Landtag beschäftigt war. Er fragte mich, ob ich ihn mit zum Hauptbahnhof nehmen könnte. Ich bejahte seine Frage und fügte hinzu, dass er mir aber den Weg dorthin zeigte müsste, da ich mich in Dresden nicht auskenne. Der junge Mann stieg in mein Auto, und unterwegs zum Bahnhof entwickelte sich ein intensives Gespräch über den Glauben, für das der Mann sich beim Abschied noch bedankte. Es gibt immer Möglichkeiten, spontan mit Menschen über Gott und Glaubensfragen zu sprechen, und ich bin für solche Gelegenheiten sehr dankbar.

Unterwegs in Richtung Meißen, wo ich ein Quartier in einem alten Pfarrhaus hatte, machte ich noch einen kurzen Stopp in einem Sportheim. Ich hatte Durst und wollte etwas trinken. Im Osten gab es damals noch nicht so viele Lokale wie bei uns im Westen. Ich setzte mich an einen Tisch und gab meine Bestellung auf. Mir gegenüber saßen einige Männer und Frauen zusammen, die sich angeregt unterhielten. Plötzlich stand einer von ihnen auf, kam auf mich zu und fragte mich: „Wollen Sie hier alleine an dem Tisch sitzen?" „Nein, nicht unbedingt", entgegnete ich ihm und kam der Einladung nach, mich zu ihnen an den Tisch zu setzen. Das war eine angenehme Überraschung für mich, da ich so etwas im Westen bislang noch nicht erlebt hatte. Ich wurde mit in die Gesprächsrunde integriert. Einer der Männer erzählte, dass er politisch immer „rot" gewesen sei, aber inzwischen seine frühere Überzeugung in Frage stelle. Ich entgegnete ihm, dass es nie zu spät für eine Neuorientierung sei und man durchaus einen anderen Weg einschlagen kann, wenn man erkennt, dass der alte Weg nicht der richtige ist. Als das Lokal um 22 Uhr schloss, ergab sich vor der Tür noch ein langes Gespräch über Gott und die Möglichkeit einer Hinwendung zu ihm. Ich erklärte meinem Gesprächspartner, dass eine geistliche Umkehr neue Lebensperspektiven eröffne, so wie es bei der politischen Wende auch eine neue Perspektive für die Menschen im Osten gab.

Doch nun zurück zu unserer Missionsarbeit in Südamerika: Gott hat die Arbeit gesegnet, und wir konnten außer dem Neubau des Kinderheimes noch weitere Projekte verwirklichen. So entstand im Armenviertel von Concordia in Argentinien eine Missionsstation, auf der eine große Halle errichtet und eine Gemeinde gegründet wurde. Dort kommen jede Woche über tausend Kinder zusammen, die mit belegten Brötchen, Milch oder Kakao versorgt werden. Außerdem bekommen die Kinder, in verschiedene Altersgruppen aufgeteilt, biblische Geschichten erzählt. Neben einer wöchentlichen Frauenstunde, in der über 250 Frauen zusammenkommen, findet sonntags ein Gottesdienst für Erwachsene statt. Dabei ist die Halle dann mit ungefähr 800 Besuchern voll besetzt. Missionar Erich Würfel predigt den Menschen das Evangelium, und dabei kommen immer wieder Menschen zum lebendigen Glauben an Jesus Christus. Ihre innere Umkehr macht sich auch äußerlich sichtbar: So erneuern sie zum Beispiel ihre Behausungen – meistens sind das Bretterbuden mit Blechdächern, in denen die ganze Familie lebt –, kleiden sich sauberer und trinken weniger Alkohol.

Auch über Radio und Fernsehen wird die Frohe Botschaft verkündigt. Die Radiosendungen werden über Radio HCJB in

Ecuador in deutscher Sprache und über Radio Concordia in spanischer Sprache ausgestrahlt. Und die Menschen reagieren auf diese Sendungen: Viele wünschen sich seelsorgerliche Gespräche und kommen zum Gottesdienst.

Darüber hinaus findet auch Jugendarbeit auf dem Gelände des Kinderheimes statt. Die ganze Missionsarbeit geschieht auf Spendenbasis nach dem Modell „Hilfe zur Selbsthilfe". Materielle Hilfe geht dabei mit geistlicher Hilfe Hand in Hand. Das nach der Einweihung des Kinderheims eingeführte Patenschaftssystem hat sich bewährt. Viele Freunde aus Europa haben für ein Not leidendes Kind eine Patenschaft übernommen. So sorgen sie mit materieller Hilfe und Gebet für das Wohl ihres Patenkindes. Einmal jährlich berichten wir auf der Mitgliederversammlung und dem Süd-Amerika Freundestreffen über die Entwicklung der Missionsarbeit und die finanzielle Situation.

Im Jahre 2000 haben wir dem gemeinnützigen Verein eine Stiftung angegliedert.

Da vom Staat die Zuwendungen an gemeinnützige Stiftungen besonders begünstigt werden, kam mir der Gedanke, zur weiteren Förderung unserer Missionsarbeit in Südamerika, eine eigene Stiftung zu gründen. Ich besprach es mit meinem Vorstandskollegen Willi Buchwald, der auf diesen Vorschlag positiv reagierte. Und so beschlossen wir, heraus zu finden, ob unsere Idee dem Willen Gottes entspricht und einigten uns dabei auf die Erfüllung von Vorbedingungen. Es sollten mehrere Missionsfreunde bereit sein, sich an der Stiftungsgründung zu beteiligten, und es sollte eine Mindesteinlage von 50.000 DM zusammen kommen. Falls das so geschehen sollte, würden wir dies als Zeichen von Gott ansehen und die Gründung vollziehen. Ich nahm Kontakt mit Freunden auf und legte ihnen unsere Vision vor. Wir führten mehrere Informationsgespräche, und nach einiger Zeit lagen uns einige Zusagen mit insgesamt 40.000 DM vor. Damit war das vorgegebene Ziel aber noch nicht ganz erreicht. Wir fragten uns, wie es nun weiter gehen sollte. Überraschend rief mich ein Missionsfreund aus dem Dillkreis an, mit dem ich vorher schon Kontakt hatte und bat mich um einen Besuch. Während meine Frau und ich uns mit dem Ehepaar unterhielten, kam das Gespräch auf die geplante Stiftung und unsere Zielsetzung. Ich erwähnte jedoch nicht, dass uns für das Startkapital noch 10.000 DM fehlten. Am Schluss des Gespräches teilte er uns mit, dass er und seine Frau sich an der Stiftungsgründung mit 15.000 DM beteiligen wollten. Damit hatte Gott uns ein deutliches Zeichen gegeben, das sich noch verstärkte, als wir weitere Zusagen bekamen und schließlich die Stiftung mit dem spanischen Namen NUEVA VIDA mit einem Gründungskapital von 80.000 DM ins Leben rufen konnten. Gott hat diese Stiftung mit seinem Segen bedacht, sodass wir Jahr für Jahr höhere zweckgebundene Spenden für unser Kinderheim und die Speisung der Kinder im Armenviertel von Concordia einnehmen konnten.

Es ist mein Wunsch, mich noch lange für die Arbeit von Neues Leben Süd-Amerika e.V. und der Stiftung NUEVA VIDA zu engagieren, und ich bete darum, dass Gott mir die nötige Kraft und Gesundheit dazu schenkt.

Nachwort

Liebe Enkelkinder,

ich hoffe, dass ich euch mit diesem Büchlein eine „Steilvorlage" für euer Leben geben kann. Es ist mein Wunsch und Gebet, dass ihr euer Leben Gott anvertraut. Denn mit Gott können wir wunderbare Erfahrungen machen – das habe ich versucht, in meinem Buch wiederzugeben. In Gottes Nähe seid ihr gut aufgehoben: Er versorgt euch mit allem, was ihr braucht. Gott segne euch!

Mit dem Erlös aus dem Verkauf dieses Buches werden sozial-missionarische Projekte der CKF-Stiftung – Christliche und Karitative Förderung, Treuhänder Neues Leben Süd-Amerika e. V., 57610 Altenkirchen, Kölnerstr. 23 a in Südamerika finanziert. Zum Beispiel wird Not leidenden Kindern im Armenviertel von Concordia in Argentinien materiell und geistlich geholfen. Nähere Informationen finden Sie im Internet: **www.suedamerika-Hilfe.de und KHFailing@neues-leben.de**

Lieber Leser,

wenn Sie Ihr Leben der Sorge Gottes anvertraut haben und seine Führung in Ihrem Leben deutlich erleben, dann kann ich Sie nur beglückwünschen. Sie haben das Beste getan, was ein Mensch tun kann, um ein sinnerfülltes und ewiges Leben zu bekommen.

Die Leser, die diese Grundsatzentscheidung „Ich aber und mein Haus wollen dem HERRN dienen", so wie es Josua dem Volk Israel gesagt hat, noch nicht getroffen haben, können es mit folgendem Gebet heute noch tun:

Herr Jesus, ich danke dir, dass du meine persönlichen Sünden für mich am Kreuz gesühnt hast. Ich möchte die Vergebung annehmen. Ab heute sollst du bei mir die Führung meines Lebens übernehmen. Danke, dass ich nun als dein Kind zur Familie Gottes gehöre. Amen.

....

Datum   Unterschrift

Mit dieser Entscheidung haben Sie eine geistliche Kehrtwendung vollzogen und damit vor Gott und der Welt ein deutliches Zeichen gesetzt.

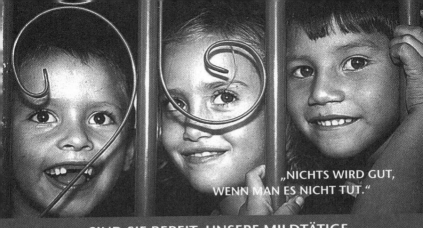

„NICHTS WIRD GUT,
WENN MAN ES NICHT TUT."

SIND SIE BEREIT, UNSERE MILDTÄTIGE STIFTUNG ZU UNTERSTÜTZEN?

**Die materielle und geistliche Not
in Südamerika ist groß.**

Wir helfen Not leidenden Kindern mit Lebens-
mitteln, Medikamenten und Kleidung. Durch
Seelsorge erfahren Kinder, Jugendliche und
Erwachsene geistliche Hilfe.

Bankverbindung
Volksbank Westerwald eG
Konto-Nr. 70 780 003 BLZ 573 918 00

STIFTUNG

Treuhänder Neues Leben Süd-Amerika e.V.
Geschäftsführer Karl-Heinz Failing
Kölner Straße 23 a, 57610 Altenkirchen

Telefon 02681/941-123, Fax 941-100
www.nuevavida.de
E-Mail: info@nuevavida.de

✂

COUPON

☐ **Ja, ich möchte Not leidenden Kindern in Südamerika helfen**

☐ Bitte senden Sie mir Ihre Informationsbroschüre zu.
☐ Bitte rufen Sie mich zu einem Informationsgespräch an.
☐ Ja, ich möchte eine Patenschaft von 31 Euro mtl.
    für ein Kind übernehmen.

Familienname

Vorname   Telefon

Straße

PLZ   Wohnort

X

Ort, Datum   Unterschrift

Kinderheim „Nueva Vida" in Südamerika

- Neues Leben Süd-Amerika e.V. wurde 1990 als gemeinnützig anerkanntes und überkonfessionell arbeitendes Werk gegründet.

- Das erste Kinderheim wurde in Concordia/Argentinien 1991 gebaut. Dort finden Kinder aus Elendsvierteln ein Zuhause, in dem sie sich wohlfühlen und das sie vor Verwahrlosung, Hunger und Krankheit rettet.

- Um noch mehr Not leidende Kinder aufnehmen zu können, wurde 2004 ein Erweiterungsbau fertig gestellt.

„Centro Evangelistico"
Armenviertel Concordia, Argentinien

Neues Leben
Süd-Amerika e.V.

■ In der Missionsstation finden Kinderstunden, Gottesdienste für Jugendliche und Erwachsene statt. Die Kinder bekommen belegte Brötchen mit Milch und Kakao, anschließend werden ihnen biblischen Geschichten erzählt.

Ihre Hilfe ist notwendig

■ Um die Not von Kindern und Erwachsenen lindern zu können, benötigen wir Ihre Hilfe. Schon mit einem Euro pro Tag kann ein Kind überleben. Wir suchen Förderer, die uns mit einer monatlichen Spende oder Patenschaft unterstützen.

■ Bitte helfen Sie mit, den Kreislauf des Elends zu durchbrechen, um den Kindern eine hoffnungsvolle Zukunft zu schenken.

■ Ihre Spende trägt dazu bei, dass die Kinder in Südamerika ein menschenwürdiges Leben führen können.

ANTWORTKARTE ✂

☐ Ich interessiere mich für die Missionsarbeit in Südamerika und für das Kinderheim in Concordia/Argentinien.

☐ Bitte senden Sie mir Ihren Freundesbrief
  ☐ per Post   ☐ per E-Mail

☐ Ich interessiere mich für die Stiftung Nueva Vida.

☐ Ja, ich möchte die sozialmissionarische Arbeit in Südamerika unterstützen und bin bereit ab ▮▮▮▮▮ für

  ☐ Kinderheim monatlich mit einer Patenschaft
    ☐ 31 €   ☐ .... €

  ☐ Armenviertel   ☐ Missionsarbeit
    ☐ monatlich .... €
    ☐ 1/4-jährlich .... € zu spenden.

☐ Um Zeit und Kosten zu sparen, bitte ich Sie bei jederzeitigem Widerruf um Einzug von meinem Konto

  Kontonummer

  Bankleitzahl

  Bankinstitut

☐ Ich lasse den Betrag durch einen Dauerauftrag von meiner Bank überweisen

Datum   Unterschrift

ABSENDER

Name/Vorname

Straße, Nr.

PLZ/Ort

E-Mail

Telefon/Fax

Antwort

Neues Leben
Süd-Amerika e.V.
Kölner Straße 23 a

57610 Altenkirchen

Bitte
frankieren
oder per
Fax an:
02681-
941100